城乡融合发展研究

社会建设视角

丁开杰◎著

光明日报出版社

图书在版编目（CIP）数据

城乡融合发展研究：社会建设视角 / 丁开杰著. --
北京：光明日报出版社，2025.2. -- ISBN 978-7-5194-
8526-9
　　Ⅰ.F299.21
　　中国国家版本馆 CIP 数据核字第 2025SH9047 号

城乡融合发展研究：社会建设视角
CHENGXIANG RONGHE FAZHAN YANJIU：SHEHUI JIANSHE SHIJIAO

著　　者：丁开杰	
责任编辑：陈永娟	责任校对：许　怡　李学敏
封面设计：中联华文	责任印制：曹　净

出版发行：光明日报出版社
地　　址：北京市西城区永安路 106 号，100050
电　　话：010-63169890（咨询），010-63131930（邮购）
传　　真：010-63131930
网　　址：http：//book.gmw.cn
E — mail：gmrbcbs@gmw.cn
法律顾问：北京市兰台律师事务所龚柳方律师

印　　刷：三河市华东印刷有限公司	
装　　订：三河市华东印刷有限公司	
本书如有破损、缺页、装订错误，请与本社联系调换，电话：010-63131930	
开　　本：170mm×240mm	
字　　数：155 千字	印　张：13
版　　次：2025 年 2 月第 1 版	印　次：2025 年 2 月第 1 次印刷
书　　号：ISBN 978-7-5194-8526-9	
定　　价：85.00 元	

版权所有　　翻印必究

序言　热门话题的清醒视域

丁开杰自硕士研究生阶段就开始从事"三农"问题研究，多年的治学取得不少成果。在此领域，他又将出版专著《城乡融合发展研究：社会建设视角》。在书的后记中，他写，"本书的认识还是局部的，也有一定的滞后性"。我看不然。书名虽然标明从"社会建设"的视角出发，但全书所讨论的对象和分析的问题，事关城乡融合发展的方方面面，论述内容不仅系统关联，而且针对具体。尤其难能可贵的是从城乡关系的思想源头出发，结合中国城乡关系的现实，梳理和阐释了马克思主义城乡关系理论的中国化时代化要求及其转换。至于所谓"滞后"，我看除了丁开杰本人的自谦，更多的还在于当今学术风气的压力，至少是习惯，就是都喜欢关注显学和热点话题，而且几乎都不忘记提一些政策建议。从这种情况来讲，几乎所有著述都难逃"滞后"的一天。事实上，丁开杰的这本书并不存在"滞后"与否的问题，因为全书在论述的各方面都对提出的相应问题进行了针对性分析，也就是具有坚实基础的真知灼见。正是这种坚实基础和真知灼见，包括对相应理论和实践方面来龙去脉的梳理和交代，为后续研究的展开提供了可能和参照。

按照马克思和恩格斯的说法，城乡的区分和分离是劳动分工和社会分工的产物或结果，同时也是相应分工的载体和形态，所以可以算作一种自然的或自发的过程。但是，资本主义的生产关系产生并制造了城乡对立，并且资本主义制度只可能加强而不会消除城乡对立。对此，共产主义（经由社会主义）的一项任务，就是要消除城乡对立。如此说来，城乡的对立和融合都是人为的结果。新中国成立以来，我们最初讲消除三大差别，即消除工业与农业、城市与乡村、脑力劳动与体力劳动之间的差别。可能因为那时已经建立了社会主义制度，所以只说"差别"不说"对立"，后来改而讲缩小三大差别，尤其是缩小城乡生活水平的差距，直到现在讲城乡融合发展。

城乡融合发展当然是良好的愿望，更是具体的工作。但是，在城乡不融合情况下的"发展"算不算发展呢？这个反问其实透露出"发展"——不管什么发展——本身的问题。发展包括所有领域的方方面面，比如，什么东西或事物发达了，丰富了，就说它发展了。在这些方面，经济发展是最基本也是最重要的，因为它是一切发展的物质基础、载体和手段。其实，经济发展就是指多出来的财富，也就是想方设法创造财富，哪怕已经远远超出人类社会的需要，所以相应的发展反而由手段变成了目的。我们把现代化运动之前，各种与满足人口自然增长需要相适应的经济叫作自然、传统或增长经济。与此不同，发展则以财富（其实是利润）本身的最大化为目标，实际生活、市场活动、社会运作是否需要都无所谓，或者说没有这些需要也要把它们制造出来。这种制造需要被叫作创新，其中最为关键的是制造消费，而且是制造不必要的和高度的消费，否则就没法扩大市场，甚至没法形成市场。

就现实状况来看，城乡融合发展的一个最好方式也许就是旅游。

无论城里人还是乡下人，也不管从城里到乡村还是从乡村到城里，漫山遍野、大街小巷，从东南西北不同方向相互调换位置，叫作拉动消费，并制造出相应的市场。为了能持续发展，还需要创新，不仅要搞文化旅游，还要"提升"消费体验。作为自我感觉的"体验"如何能够提升并不重要，重要的是新鲜说法和做法，所以又要搞AI（人工智能）的"加持"。"加持"本是佛教用语，表示互相参加、互相慑持，却被用到最为世俗的消费和创收（也就是买卖）上面。仔细想想也不奇怪，旅游景点已经被叫作"打卡地"了，旅游也就是点卯、报到，相应的贡献其实并不在于体验（不管是不是被提升的），而在于出钱消费了。

随着这些不断翻新的说法和做法，学界对城乡关系的问题和状况又有了相应的新名词，而且的确都是以发展为核心或主轴的。比如，随着创新发展，中国也开始出现了所谓"逆城市化"的趋向，而且还有从"乡土中国"向"城市中国"或"城乡中国"的各种转变。我能想到并且相信，说这些新名词的人都是生物多样性的支持者，只是不知道他们对城乡融合发展的多样性以及这种发展中城乡的多样性有什么看法。据说，自工业革命至今（满打满算也就四百年），地球某种程度上已经被发展弄到不可逆的损坏地步。如果还要继续发展，真的需要新发展理念才行，城乡能否融合发展也才是真实可能的。

当然，丁开杰并不热衷于上述那些新名词和新说法，他认真地对待城乡融合发展的社会建设，同时又不孤立地看待社会建设，而是以城乡融合发展为核心维系，把"社会"这个领域或层面所包含或涉及的政治、经济、文化、生态、党建等因素统摄起来，使得社会建设不仅仅是一种"视角"，更成为全书内容的逻辑架构。由此，在城乡关系这个相对热门的显学里，本书更多具有理论导引的支撑力和问题分析的穿透力，与此同时，也为城乡关系这个热门话题的探讨提供了一个清醒的视域。

（孙津，北京师范大学政治学系教授、中国农民问题研究中心原主任）

目 录
CONTENTS

导论 问题的提出及理论基础 ………………………………… 1
  一、问题的提出 ………………………………………………… 1
  二、理论基础 …………………………………………………… 4

第一章 马克思主义城乡关系理论的中国化时代化 ………… 15
  一、马克思主义城乡关系理论的中国化时代化进程 ………… 15
  二、新中国成立以来的工农城乡关系政策演变过程 ………… 23
  三、中国新型工农城乡关系演变的主要指标表现 …………… 31

第二章 改革开放以来的城乡社会管理体制变迁 …………… 38
  一、对社会管理体制的基本阐释 ……………………………… 38
  二、中国城乡社会管理体制的变迁动力：推拉学说 ………… 43
  三、中国城乡社会管理体制变迁的逻辑：四组重要关系 …… 48
  四、改革开放以来城乡社会管理体制的阶段性分析 ………… 57

五、我国城乡社会管理体制变迁的主要特征 ·················· 66

第三章　中国特色社会保障体制建设 ·················· **74**
　　一、国际社会保障体制改革趋势 ·················· 74
　　二、中国社会保障体制改革的理念创新 ·················· 77
　　三、中国社会保障体制改革的发展方向 ·················· 80
　　四、中国特色社会保障体制的构成：五个维度 ·················· 81

第四章　社会稳定观与我国社会治安体制改革 ·················· **84**
　　一、我国社会治安体制改革的背景 ·················· 84
　　二、动态可持续的社会稳定观 ·················· 86
　　三、初步形成有效的社会治安体制 ·················· 88
　　四、我国社会治安体制改革的重点 ·················· 90

第五章　新型城镇化建设与城乡融合发展 ·················· **97**
　　一、新型城镇化背景下的精英流动 ·················· 97
　　二、依法推进新型城镇化建设 ·················· 102
　　三、地方政府财政自生能力与新型城镇化发展战略的实施 ········ 110

第六章　构建包容性劳动力市场 ·················· **114**
　　一、体面劳动对社会治理的影响 ·················· 114
　　二、体面劳动与发展话语的演变 ·················· 116
　　三、体面劳动的三类模式 ·················· 119
　　四、中国的体面劳动实践 ·················· 121

五、建立包容性劳动力市场……………………………………… 126

第七章　农民工社会服务的第三方供给…………………………… 132
　　一、我国社会组织服务农民工的作用…………………………… 132
　　二、服务农民工的社会组织发展………………………………… 134
　　三、中国社会组织服务农民工的成就与问题…………………… 139
　　四、有序加强社会组织服务农民工的作用……………………… 141

第八章　流动人口参与基层社会治理……………………………… 147
　　一、我国城乡间的人口大迁移大流动：基本格局和结构性变化
　　　　特征……………………………………………………………… 147
　　二、流动人口参与基层社会治理的沿革与现状………………… 152
　　三、我国流动人口适配的多元政策目标………………………… 156
　　四、流动人口参与基层社会治理的路径………………………… 160

第九章　城乡社会管理一体化的实现途径………………………… 163
　　一、21世纪初的城乡社会管理差距状况………………………… 163
　　二、城乡经济社会一体化的试点创新…………………………… 165
　　三、城乡社会管理一体化的重点和原则………………………… 172
　　四、城乡社会管理一体化的实现途径…………………………… 174

参考文献………………………………………………………………… 179

后记……………………………………………………………………… 195

导论

问题的提出及理论基础

2017年10月18日,党的十九大提出实施乡村振兴战略的重大历史任务,强调"要坚持农业农村优先发展,按照产业兴旺、生态宜居、乡风文明、治理有效、生活富裕的总要求,建立健全城乡融合发展体制机制和政策体系,加快推进农业农村现代化"。这是"城乡融合发展"首次写入党的文献,标志着中国特色社会主义工农城乡关系进入新的历史时期。对城乡融合发展的内涵、挑战与路径进行研究,进而提出推动新型城乡关系重塑的思路,已经成为理论工作者的一项重要任务。

一、问题的提出

城乡关系是人类社会的基本关系,它是城市与乡村之间广泛存在的普遍联系和互动关系,是一定时代条件下政治、经济、文化、社会关系在城乡之间的集中反映。从经典作家马克思、恩格斯开始,马克思主义者就十分重视城乡关系问题,认为城乡关系是错综复杂的社会生活中影响全局的环节。1832年,马克思、恩格斯在《德意志意识形态》中指出："物质劳动和精神劳动的最大的一次分工，就是城市和乡村的分离。"① 后来，马克思本人在《哲学的贫困》中曾直接指出，"城乡关系一改变，整个社会也跟着改变"②。恩格斯在《反杜林论》中论及城乡对立的后果时指出，"城市和乡村的对立的消灭不仅是可能的，而且已经成为工业生产本身的直接需要，同样也已经成为农业生产和公共卫生事业的需要。只有通过城市和乡村的融合，现在的空气、水和土地的污染才能排除，只有通过这种融合，才能使目前城市中病弱群众的粪便不致引起疾病，而被用做植物的肥料"③。城乡关系的重要性可见一斑。

由于当时尚处在资本主义发展的初期，马克思、恩格斯的城乡关系理论主要是分析了资本主义时代的城乡对立，并在此基础上提出了未来社会消除城乡对立、实现城乡融合的一些思想。他们认为，在人类社会发展进程中，城乡关系一般要经历由城市混沌一体、城乡分离对立、城乡对立加剧、城乡对立消灭最终走向城乡差别消失、城乡融合的过程。城乡融合发展，就是在城乡关系发展过程中克服城乡分离和对立，实现工农互促、城乡互补、共同发展，就是把城市和农村生活方式的优点结合起来，避免二者的片面性和缺点。马克思、恩格斯还阐述了城乡对立的现实存在以及缓解城乡对立、促进城乡融合发展的根本途径，认为"消灭城乡之间的对立，是社会统一的首要条件之一，这个条件又取决于

---

① 中共中央马克思恩格斯列宁斯大林著作编译局. 马克思恩格斯文集：第 1 卷 [M]. 北京：人民出版社，2009：556.
② 中共中央马克思恩格斯列宁斯大林著作编译局. 马克思恩格斯选集：第 1 卷 [M]. 北京：人民出版社，1995：157.
③ 恩格斯. 反杜林论 [M] //中共中央马克思恩格斯列宁斯大林著作编译局. 马克思恩格斯选集：第 3 卷. 北京：人民出版社，2012：684.

许多物质前提，而且一看就知道，这个条件单靠意志是不能实现的"①。

新中国成立以后，我们党和国家领导人对如何在现代化过程中处理好工农城乡关系进行了积极探索，不断推动马克思主义城乡关系理论中国化时代化。改革开放以来特别是党的十八大以来，我国城乡统筹的力度不断增强，城乡融合发展步伐持续加快，城乡一体化发展水平大幅提升，城乡关系随着城镇化工业化的发展而发生了新变化。2017年12月，习近平总书记在中央农村工作会议上强调，走中国特色社会主义乡村振兴道路，必须重塑城乡关系，走城乡融合发展之路，坚持以工补农、以城带乡，把公共基础设施建设的重点放在农村，优先发展农村教育事业，促进农村劳动力转移就业和农民增收，加强农村社会保障体系建设，逐步建立健全全民覆盖、普惠共享、城乡一体的基本公共服务体系。2018年9月，中共中央、国务院印发《乡村振兴战略规划（2018—2022年）》，提出"顺应城乡融合发展趋势，重塑城乡关系，更好激发农村内部发展活力、优化农村外部发展环境，推动人才、土地、资本等要素双向流动，为乡村振兴注入新动能"。2019年4月，中共中央、国务院发布《关于建立健全城乡融合发展体制机制和政策体系的意见》（以下简称《意见》）。《意见》提出，到2022年，初步建立城乡融合发展体制机制。城乡要素自由流动制度性通道基本打通，城市落户限制逐步消除，城乡统一建设用地市场基本建成，金融服务乡村振兴的能力明显提升，农村产权保护交易制度框架基本形成，基本公共服务均等化水平稳步提高，乡村治理体系不断健全，经济发达地区、都市圈和城市郊区在体制机制改革上率先取得突破。2020年10月，党的十九届五中

---

① 中共中央马克思恩格斯列宁斯大林著作编译局. 马克思恩格斯全集：第三卷 [M]. 北京：人民出版社，1960：57.

全会进一步提出，强化以工补农、以城带乡，推动形成工农互促、城乡互补、协调发展、共同繁荣的新型工农城乡关系，加快农业农村现代化。2023年12月，中央经济工作会议强调要统筹新型城镇化和乡村全面振兴，明确要求"把推进新型城镇化和乡村全面振兴有机结合起来，促进各类要素双向流动，推动以县城为重要载体的新型城镇化建设，形成城乡融合发展新格局"。随着城市化工业化的推进，我国城乡关系发生新变化，已经进入城乡融合发展阶段。

二、理论基础

城乡融合发展是一个自然历史过程，涉及经济建设、政治建设、文化建设、社会建设、生态文明建设和党的建设等方方面面。本书选择从社会建设角度来研究城乡融合发展。国内外已有关于社会建设、社会管理和公共服务的理论研究成果，为全书的讨论提供了较为充分的理论基础。

（一）国外关于社会建设的理论

在国外，学界虽然不太常用"社会建设理论"这种提法，但在其政治学、社会学等学科尤其是社会学中包含了十分丰富的关于社会建设的思想。其中，社会团结理论、社会整合理论、社会冲突理论、社会公正理论、社会福利理论、风险社会理论、社会治理理论等，尤其是风险社会理论和社会治理理论为加强我国社会建设和创新社会管理提供了大量启示。

1. 风险社会理论

1986年，德国著名学者乌尔里希·贝克（Ulrich Beck）在其德文版的《风险社会：迈向一种新的现代性》一书中首次使用"风险社会"

(risk society) 的概念，描述当今西方高度发达的现代社会，从社会学层面反思、批判现代性出现以来风险因素日益突出的社会现象。① 贝克认为，风险社会的概念指现代性的一个阶段。在这个阶段，工业化社会道路上所产生的威胁开始占据主导地位。② 同年10月，在英国东南部的一个小镇上，出现了一头奇怪的病牛。这头牛初发病时无精打采，随后出现烦躁不安、站立不稳、步履踉跄、动作不能保持平衡的现象，最后口吐白沫，倒地不起。经过权威的兽医的诊断，这头牛确诊得的是疯牛病。事过6年后，1992年疯牛病如瘟疫般在英国流传，至1997年年初，英国已经有37万头牛染上疯牛病，16.5万头牛因病死亡。英国疯牛病的暴发与全球性蔓延，使风险社会理论很快成为西方学者研究的焦点。1992年，《风险社会：迈向一种新的现代性》被马克·里特（Mark Ritter）译成英文后，"风险社会"作为一个概念和理论逐渐被更多的西方学者以及公众所接受。

贝克将"风险"定义为：处理因现代化本身所引起的危机（hazards）与不安全（insecurities）的一套系统方法。可以说，现代风险是对现代化的一种反身性（reflexive）认识，主要是由科技文明与人为因素衍生而来。③ 贝克认为，现代社会已进入一个新型的风险社会，它完全不同于传统的社会问题、社会矛盾和社会冲突。以往，人们对社会风险的视角主要停留在自然科学领域，但事实上社会风险的存在范围广泛，在社会、文化等领域也存在风险，不仅关系到自然问题、环境问题，也关系

---

① 刘莹. 贝克"风险社会"理论及其对当代中国的启示 [J]. 国外理论动态，2008 (1)：83.
② 杨雪冬. 风险社会理论述评 [J]. 国家行政学院学报，2005 (1)：88.
③ 刘莹. 贝克"风险社会"理论及其对当代中国的启示 [J]. 国外理论动态，2008 (1)：83.

到人的问题、社会问题，风险交织存在于政治、法律、农业、商业等各个具体社会领域中。过去的生活经验、技术手段和组织制度，已不足以使我们防止、规避和应对新的社会风险的威胁。

在风险社会中，风险具有以下几个特点：从根源上讲，风险是内生的，伴随着人类的决策与行为，是各种社会制度尤其是工业制度、法律制度、技术和应用科学等正常运行的共同结果。而自然"人化"程度的提高，使得风险的内生特点更加明显。在影响和后果上，风险是延展性的。其空间影响是全球性的，超越了地理边界和社会文化边界的限制，其时间影响是持续的，可以影响到后代。在特征上，大部分风险后果严重但发生的可能性低。在应对方法上，现有的风险计算方法、经济补偿方法都难以从根本上解决问题。[①]

"风险社会"理论对人们的启发是多方面的，它为理解现代社会提供了重要视角，为我们反思当代世界与社会发展提供重要的理论工具，也可借鉴来理解与反思高速转型的中国社会。综观中国社会，近些年来，随着现代化程度的不断提高，市场化进程的不断推进，社会分化加深，整个社会已经不再是传统的常态社会，社会风险与日俱增，传统的治理手段无法整合当代社会，社会和谐面临严峻挑战，新型风险社会的管理需要新的理念和方式、方法。

2. 社会治理理论

作为一种实现社会公共管理的新理念、新方式和新方法，社会治理理论是在对政府、市民社会与市场的反思以及西方政府改革的浪潮中产生的。它不单单强调政府与市场的协调与合作，更重要的是寻求政府、社会与市场三者之间的合作和互动，寻求一种通过调动各种力量和资源

---

① 杨雪冬. 风险社会理论述评 [J]. 国家行政学院学报, 2005 (1): 90.

达到"善治"的社会体制。简单地说,善治就是使公共利益最大化的社会管理过程和管理活动。善治的本质特征在于它是政府与公民对公共生活的合作管理,是政治国家与市民社会的一种新颖关系,具有合法性、法治、透明性、责任性、回应性和有效性、参与、稳定性、廉洁、公正等基本要素。①

作为一种全新的理念,社会治理改革绝不是社会管理方式、方法、内容或手段等简单的改变或创新,更不是某个政府职能部门能够单独完成的,它既牵涉到政府方方面面的改革,也牵涉到社会培育和发展的进程。② 社会治理模式的变迁将具有三个特征:首先是社会治理的主体由单一中心向多个中心转变,既包括在社会管理中一直承担重要甚至主导角色的政府,也包括这些年逐渐凸现出来的作为政府重要补充力量的非营利组织、市场化组织等。其次是社会治理的手段由平面化向网络化转变,既有政府通过行政或者借助市场手段提供公共产品和公共服务,也有市场化组织通过市场化手段提供公共产品和公共服务,还有非营利组织通过市场化手段或者社会动员的方式提供公共产品和公共服务。最后是社会治理的目的由工具化向价值化转变,其目的不仅仅是提高人类社会的效率,更重要的是要在效率实现的基础上体现社会公正,实现人的全面发展。

(二) 国内关于社会建设和社会管理的理论

在国内,进入21世纪以来,党中央国务院高度重视社会建设和社会管理,推动基本公共服务均等化。尤其是在党的十六届四中全会以

---

① 俞可平. 善政: 走向善治的关键 [M] //黄卫平, 汪永城. 当代中国政治研究报告 Ⅲ. 北京: 社科文献出版社, 2004: 16.
② 周红云. 从社会管理走向社会治理: 概念、逻辑、原则与路径 [J]. 团结, 2014 (1): 31.

后,党中央逐步提出和突出和谐社会建设,强调社会建设的重要性。党的十七大报告更进一步提出,社会建设与经济建设、政治建设、文化建设同为我国四大建设之一,与人民的幸福安康息息相关。其中,社会管理和公共服务是社会建设的重要内容。在经济发展的过程中,我国不仅要全面完善公共服务体系,加强社会管理,防止忽视公共服务职能和社会管理无效而造成经济发展的中断与停滞,而且应该确保公共服务职能适度超前发展,这是经济长期持续快速发展的根本保证。各级政府必须在经济发展的基础上,更加注重社会建设,着力保障和改善民生,推进社会体制改革,扩大公共服务,完善社会管理,促进社会公平正义,努力使全体人民学有所教、劳有所得、病有所医、老有所养、住有所居,促进社会和谐。

党的十八大以来,以习近平同志为核心的党中央牢牢把握完善和发展中国特色社会主义制度、推进国家治理体系和治理能力现代化这一全面深化改革的总目标,不断创新社会治理理念和思路,着力从源头上预防和减少影响社会和谐稳定的问题发生,使一系列社会治理难题不断得到了有效破解。

1. 社会建设

理论工作者们认为,社会建设是适应国家由农业农村的传统社会向工业化、城市化的现代社会的转变,适应人们的生产方式、生活方式和人与人之间的关系发生深刻变化并由此产生各种社会问题亟待解决的需要,而有组织、有目的、有计划进行的各种有利于改善民生、建立新的社会秩序、促进社会进步的社会行动与社会过程。[①] 在此过程中,社会建设的主体由政府、社会组织(包括非政府组织)及公民构成。社会

---

① 陆学艺. 关于社会建设的理论和实践 [J]. 国家行政学院学报, 2008 (2): 15.

建设的原则是社会的公平与正义，社会建设的目标是和谐社会与科学发展。社会建设的内容或范畴包括社会结构的调整与建构、社会流动机制建设、社会组织建设、社会阶层利益关系协调机制建设、社会事业建设、社会保障制度建设、社区建设、社会安全体制建设与社会管理体制建设等方面。[①]

经济体制改革的目标是最大多数人的最大利益，社会体制改革也是如此。作为国家宏观战略选择的"社会建设"，不仅涉及价值领域（公平、正义），而且涉及制度建设的基本原则（以人为本、科学发展等），甚至涉及具体的政策安排，如优先发展教育、扩大就业、深化收入分配制度改革等，其内涵的丰富性远远超过一般的具体社会政策，可以视其为一种新型的政策范式。[②] 在社会建设方面，政府要进一步完善法律法规和政策，创造一个公平的环境，提供基本的公共财政保证和必需的基本公共服务；要发挥社会组织协助政府在完善社会保障和社会事业建设、收入分配和就业、社会管理中的积极作用，为它们创造发展空间，提供必要的财政支持，建立和完善政府购买公共服务的机制，加强对社会组织的服务能力建设和监管，完善自律机制；要发挥市场在社会资源配置中的积极作用，提高社会资源的利用效率，引导企业承担参与社区发展、慈善捐赠等方面的社会责任。在实践中，积极探索政府、市场、社会组织各自运行的领域和方式，形成党、政府、社团、行业协会商会、中介组织、基层自治组织之间既各有侧重，又相互协调的新格局。

[①] 陆学艺. 关于社会建设的理论和实践 [J]. 国家行政学院学报，2008（2）：15.
[②] 李友梅，肖瑛，黄晓春. 当代中国社会建设的公共性困境及其超越 [J]. 中国社会科学，2012（4）：127.

2. 社会管理

社会管理是所有社会实现秩序所必需的制度机制，具有广义和狭义两种含义。广义的社会管理指整个社会的管理，包括政治子系统、经济子系统、思想文化子系统和社会生活子系统在内的整个社会大系统的管理。狭义的社会管理，指与政治、经济、思想文化各子系统并列的社会子系统或者社会生活系统的管理。① 社会管理的主体是多元的，不仅有政府机构，而且还包括各种民间组织乃至企业，它们在规范、协调、服务等社会管理活动中都可以发挥重要作用。社会管理的手段是多样化的，既包括政府利用行政手段、法律手段对社会生活的干预，也包括社会组织和社会成员利用社会团体行为准则和道德约束对社会生活进行自我管理或自治自律，还包括利用市场机制由企业提供公共服务以及企业自觉履行社会责任。社会管理的对象或客体是社会生活的各个领域、各种社会公共事务以及作为社会关系的凝结的民间组织，后者既是社会管理的主体，又是社会管理的对象。社会管理的主要方式是进行社会性规制和提供公益性或互益性服务，具体包括规范行为、整合利益、服务社会。社会管理的目的是满足社会成员生存和发展的基本需求，解决各种社会问题，减少社会发展代价，推动社会进步，促进社会和谐，增进公民的各项自由、权利和福利。

社会管理体制是国家为了维护社会秩序用以规范和协调社会组织、社会事务和社会生活的一系列制度和机制，包括社团管理体制、社会保障体制、社会治安体制、社会应急体制、社会服务体制、社区管理体制和社会工作体制等。不同历史时期的社会管理体制是不同的。在新中国

---

① 郑杭生. 社会学视野中的社会建设与社会管理 [J]. 中国人民大学学报, 2006 (2): 2.

成立后的较长时期内，单位管理一直是我国传统社会管理的基础。但是改革开放后，随着人民公社体制的废除和公有制企业的改制，传统的单位制已经发生实质性变化。一是单位不再高度行政化，而是多元化发展；二是在传统的单位之外，出现各种各样的"社会人"。

与传统的单位管理体制不同，现代社会管理体制是适应工业化、城市化、信息化、市场化、全球化的新的社会现实而对相对独立于政治和经济子系统的社会子系统的制度化管理。现代社会管理体制包括社会管理格局和社会管理体系两方面内容。其中，社会管理格局是由政府、企业、民间组织和公民等多元主体对社会生活、社会事务、社会行为进行合作管理。① 现代社会管理的核心是如何在维护社会权利的前提下实现对社会的有效控制，因此，社会权利导向是社会管理体制改革的基本方向。

3. 社会治理

习近平总书记明确指出，"社会治理是一门科学"②。党的十八届三中全会通过的文件中，首次将2004年以来党的文件所使用的"社会管理"概念改为"社会治理"。党的十九大，则首次将"社会治理"写入了党章。

在我国，社会治理是在执政党领导下，以实现和维护群众权利为核心，由政府组织主导，发挥多元治理主体的作用，针对国家治理中的社会问题，完善社会福利，保障改善民生，化解社会矛盾，促进社会公

---

① 何增科．我国社会管理体制的现状分析［J］．甘肃行政学院学报，2009（4）：101.
② 习近平．论坚持全面深化改革［M］．北京：中央文献出版社，2018：95.

平,推动社会有序和谐发展的过程。① 社会治理体制既包括社会治理过程中的治理主体、治理范围、治理方式、治理绩效,也包括社会治理体制的本质内涵、价值诉求和基本原则,是兼顾工具理性与价值理性的制度系统。② 社会治理的变革,需要从多方面进行努力。首先,在行动理念上,要实现从管理到服务的转变,一切社会管理部门都是为群众服务的部门,一切社会管理工作都是为群众谋利益的工作;其次,在行动主体上,要从过去政府一元化管理体制转向政府与各类社会主体的多元化协同治理体制,推动政府治理与社会自我调节、居民自治良性互动;最后,在行动取向上,要从管控规制转向法治保障,顺应全面依法治国要求,以法治精神为引领,以法律手段破解难题,以社会治理法治化推进法治社会建设。

4. 基本公共服务

公共服务是公共财政用来满足社会公共需要的载体,是一个包括发展各项社会事业、实施公共政策、扩大社会就业、提供社会保障、建设公共基础设施等内容在内的具有公共性质的体系。公共服务是通过公共财政筹集公共收入和进行公共支出而实现的,其作用是满足社会公共需要,目标是使全体居民都能够享受到公共服务。③ 理论界普遍认为,享有基本公共服务是一种基本人权。

什么是基本公共服务?对此,有各种不同的理解。一种观点认为,

---

① 姜晓萍. 国家治理现代化进程中的社会治理体制创新 [J]. 中国行政管理, 2014 (2): 24; 王浦劬. 国家治理、政府治理和社会治理的含义及其相互关系 [J]. 国家行政学院学报, 2014 (3): 13.

② 姜晓萍. 国家治理现代化进程中的社会治理体制创新 [J]. 中国行政管理, 2014 (2): 25.

③ 中国财政学会"公共服务均等化问题研究"课题组. 公共服务均等化问题研究 [J]. 经济研究参考, 2007 (58): 3.

所谓基本公共服务,是指直接与民生问题密切相关的公共服务。另一种观点认为,基本公共服务应是指纯公共服务,因此不能笼统地讲文化、教育、科学、卫生、社会保障等是基本公共服务,只能提其中的义务教育、公共卫生、基础科学研究、公益性文化事业和社会救济等属于基本公共服务。还有一种观点认为,基本公共服务是一定发展阶段上最低范围的公共服务。① 基本公共服务均等化则是指政府要为社会公众提供基本的、在不同阶段具有不同标准的最终大致均等的公共物品和公共服务。

基本公共服务均等化的内容包含两方面:一是居民享受公共服务的机会均等,如公民都有平等享受教育的权利。二是居民享受公共服务的结果均等,如每一个公民无论住在什么地方,无论城市还是乡村,享受的义务教育和医疗救助等公共服务在数量和质量上都应大体相等。② 也就是说,基本公共服务均等化,既要保证全体公民享有的基本公共服务的机会和原则均等,结果大体相等,同时也要尊重社会成员的自由选择权,实现公共服务"下有保底,上不封顶"。

无论在理论上还是在实践中,基本公共服务均等化本质上都是公共财政的重要组成部分。比如,有研究指出,成熟的基本公共服务均等化表现为在不同区域之间、城乡之间、居民个人之间的基本公共服务分布均等。③ 在政府公共服务的分类上,应该把公共服务与发展阶段联系起来,划分基本和非基本公共服务。这种划分有利于更好地从实际出发,

---

① 安体富,任强. 公共服务均等化:理论、问题与对策 [J]. 财贸经济,2007 (8): 48-49.
② 安体富,任强. 公共服务均等化:理论、问题与对策 [J]. 财贸经济,2007 (8): 49.
③ 中国财政学会"公共服务均等化问题研究"课题组. 公共服务均等化问题研究 [J]. 经济研究参考,2007 (58): 5.

避免超越发展阶段的不切实际的目标定位和政策安排；有利于组织管理，可以使政府在有限的资金和资源条件下，更好地分析、评判、识别和选择优先领域。政府应该将基本公共服务的差距控制在社会可接受的范围内，尤其关注困难群体。

　　上述理论为我们从社会建设视角开展城乡融合发展研究提供了理论基础。据此，本书将从四方面论述我国城乡融合发展。首先，从纵向角度分析马克思主义城乡关系理论的中国化时代化进程，厘清城乡关系变迁的历史脉络和理论发展；其次，系统分析改革开放以来我国城乡社会管理体制的变迁，在此基础上，从社会保障、社会治安、新型城镇化、劳动力市场、农民工社会服务等角度对城乡融合发展进行针对性研究；最后，基于地方经验的总结，思考中国城乡社会管理一体化的实现路径。

第一章

马克思主义城乡关系理论的中国化时代化

习近平总书记指出,"在现代化进程中,如何处理好工农关系、城乡关系,在一定程度上决定着现代化的成败"①。本章首先从历史溯源的角度对马克思主义城乡关系理论的中国化时代化进行讨论。

一、马克思主义城乡关系理论的中国化时代化进程

城乡关系是我国各种利益关系中最重要的关系,由国家的基本政治经济制度、社会管理体制和相关政策法规确定,是制度安排的结果。②近代史上,在旧中国半殖民地半封建性质的工农城乡关系中,任由"城市政治上统治乡村,经济上剥削乡村"的现实,造成了中国城市的畸形繁荣和乡村的破败。新中国从旧中国那里接收过来的是一个千疮百孔的烂摊子。统计数据表明,在新中国成立之初,我国工农业生产极为落后,四万万人吃不饱、穿不暖,城镇人均可支配收入不足100元,农村居民人均纯收入仅有44元。农业基本上是靠天吃饭,全国粮食产量

---

① 中共中央党史和文献研究院. 习近平关于"三农"工作论述摘编[M]. 北京:中央文献出版社,2019:42.
② 路小昆. 新中国城乡关系60年:历程、特征与启示[J]. 中共成都市委党校学报,2009(5):64-67.

为11318万吨，平均每人占有量只有209千克。① 工业基础薄弱、门类不全、技术落后、水平低下，布局极不合理，没有一个完整的体系。这种严重落后的状况，要求新中国必须迅速恢复和发展国民经济，尽快实现从农业国向工业国的转变。为此，党和国家领导人提出了城乡兼顾和沟通城乡关系的发展思路。

（一）以毛泽东同志为核心的党的第一代中央领导集体提出以"城乡兼顾"为核心的城乡关系思想

如何变近代以来的城乡对立为城乡互助，变消费城市为生产城市，建立新型的城乡关系，这是中国共产党在新中国成立前后要回答的重大理论问题和实践课题。1949年3月5日至13日，在党的七届二中全会上，毛泽东对发展城乡关系提出了两个重要思想。一是要实现党的工作重心从乡村转移到城市。他说，"从一九二七年到现在，我们的工作重点是在乡村，在乡村聚集力量，用乡村包围城市，然后取得城市。采取这样一种工作方式的时期现在已经完结。从现在起，开始了由城市到乡村并由城市领导乡村的时期。党的工作重心由乡村移到了城市"②。二是把"城乡兼顾"确定为新中国发展城乡关系的核心原则。他指出："城乡必须兼顾，必须使城市工作和乡村工作，使工人和农民，使工业和农业，紧密地联系起来。决不可以丢掉乡村，仅顾城市，如果这样想，那是完全错误的。"③ 由此，我国明确了处理城乡关系的基本原则，奠定了新中国成立初期城乡统筹兼顾的总基调。同样是在这次会上，刘

---

① 徐庆群. 辉煌六十年 [M]. 北京：人民出版社，2009：213.
② 毛泽东. 在中国共产党第七届中央委员会第二次全体会议上的报告 [M] //毛泽东. 毛泽东选集：第四卷. 北京：人民出版社，1991：1426-1427.
③ 毛泽东. 在中国共产党第七届中央委员会第二次全体会议上的报告 [M] //毛泽东. 毛泽东选集：第四卷. 北京：人民出版社，1991：1427.

少奇阐述了"城乡一体"的思想,他指出,"要有城乡一体的观点,过去我们只有乡村,现在加上城市……'单打一'的做法必须改变,否则就要犯错误"①。

1956年4月25日,中央政治局召开扩大会议,毛泽东在会上作了《论十大关系》的讲话。在讲话中,他以苏联为鉴戒,总结我国经验,论述了社会主义革命和社会主义建设中的十大关系。他指出,提出这十个问题,都是围绕着一个基本方针,也就是要把国内外一切积极因素调动起来,为社会主义事业服务。什么是国内的积极因素呢?在国内,工人和农民是基本力量。中间势力是可以争取的力量。反动势力虽是一种消极因素,但是我们仍然要做好工作,尽量争取化消极因素为积极因素。在十大关系中,第一大关系就是重工业和轻工业、农业的关系。毛泽东指出,"重工业是我国建设的重点。必须优先发展生产资料的生产,这是已经定了的。但是决不可以因此忽视生活资料尤其是粮食的生产。如果没有足够的粮食和其他生活必需品,首先就不能养活工人,还谈什么发展重工业?所以,重工业和轻工业、农业的关系,必须处理好"②。

毛泽东认为,在工农城乡关系中,农村是基础。对农业农村发展,他提出过一系列重要观点。比如,他设想进行农村工业化,早在20世纪50年代后期,就大力倡导各地农村举办地方小工业、社办工业。他说,工业总产值即使占工农业总产值的70%,也不像苏联那样宣布实现

---

① 刘少奇.关于城市工作的几个问题[M]//中共中央文献研究室,中央档案馆.建党以来重要文献选编:1921—1949:第二十六册.北京:中央文献出版社,2011:172.

② 毛泽东.论十大关系[M]//毛泽东.毛泽东文集:第七卷.北京:人民出版社,1999:24.

工业化，而应在长时期内叫作工农业国家。他较早注意到农村剩余劳动力转移可能给城市造成的压力，提出"如果让减少下来的农业人口，都拥到城市里来，使城市人口过分膨胀，那就不好。从现在起，我们就要注意这个问题。要防止这一点，就要使农村的生活水平和城市的生活水平大致一样，或者还好一些"①。怎么解决这个问题呢？毛泽东提出，"有了公社，这个问题就可能得到解决。每个公社将来都要有经济中心，要按照统一计划，大办工业，使农民就地成为工人"②。又如他认为，农业的发展一方面可以更好地供给人们生活的需要，另一方面可以更快地增加资金的积累，因而可以更多更好地发展重工业。1957年1月，在省市自治区党委书记会议上的讲话中，毛泽东特别强调了农业的作用，他指出，"全党一定要重视农业，农业关系国计民生极大。要注意，不抓粮食很危险。不抓粮食，总有一天要天下大乱"。"农业是积累的重要来源。农业发展起来了，就可以为发展工业提供更多的资金。因此，在一定的意义上可以说，农业就是工业。"③

（二）以邓小平同志为核心的党的第二代中央领导集体提出以"城乡互动"为核心的城乡关系思想

党的十一届三中全会以后，我们党提出和形成了以经济建设为中心，推动城乡改革、以农村带动城市的思想，以农村改革为突破口，加快了构建城乡改革发展的新格局。以邓小平同志为核心的党的第二代中央领导集体，在指导思想上拨乱反正的同时，提出了进行农村改革并通

---

① 毛泽东. 毛泽东文集：第八卷 [M]. 北京：人民出版社，1999：128.
② 中共中央文献研究室. 毛泽东著作专题摘编：上 [M]. 北京：中央文献出版社，2003（11）：955.
③ 毛泽东. 在省市自治区党委书记会议上的讲话 [M] //毛泽东. 毛泽东文集：第七卷. 北京：人民出版社，1999：199-200.

过农村改革带动城市改革和发展的思想,在城乡统筹发展的探索中迈出了新的一步。① 这些思想包括工业支援农业、城市带动乡村,发展乡镇企业、建设小乡镇,高度重视科学技术在促进城乡一体化中的作用,充分尊重农民群众在实现城乡一体化中的主体地位和首创精神。1978年11月5日,在出访泰国,拜会普密蓬·阿杜德国王和诗丽吉王后的谈话中,邓小平指出,"中国穷,但地方大,人也多。现在我们立下了雄心壮志,在本世纪(即20世纪)末实现四个现代化。在实现四个现代化的过程中,我们将以农业为基础。农业要发展,离不开工业,而工业的稳步发展也不可能没有农业。农业不发展,工业就没有市场;工业不发展,农业也就不可能迅速发展"②。1984年,在会见第二次中日民间人士会议日方委员会代表团时,他指出,"从中国的实际出发,我们首先解决农村问题。中国有百分之八十的人口住在农村,中国稳定不稳定首先要看这百分之八十稳定不稳定。城市搞得再漂亮,没有农村这一稳定的基础是不行的。所以,我们首先在农村实行搞活经济和开放政策,调动了全国百分之八十的人口的积极性。我们是在一九七八年底制定这个方针的,几年功夫就见效了"③。这些讲话彰显了邓小平高度重视农业的基础地位,强调工农业互动。邓小平还特别尊重农民群众的首创精神,他指出,"农村搞家庭联产承包,这个发明权是农民的。农村改革中的好多东西,都是基层创造出来,我们把它拿来加工提高作为全国的

---

① 孙成军. 中共三代领导集体对城乡统筹发展的探索及经验启示 [J]. 毛泽东思想研究,2006 (3):132-135.
② 中共中央文献研究室. 邓小平年谱 (1975—1997):上 [M]. 北京:中央文献出版社,2004:419.
③ 邓小平. 建设有中国特色社会主义 [M] //邓小平. 邓小平文选:第三卷. 北京:人民出版社,1993:65.

指导。实践是检验真理的唯一标准"①。

（三）以江泽民同志为核心的党的第三代中央领导集体提出以"城乡协调"为核心的工农城乡关系思想

江泽民同志强调工农互相支援、城乡协调发展。1998年9月，他在安徽考察工作时指出，现在农业和农村的问题仅靠自身是解决不了的，必须靠城乡一体、城乡统一市场来解决。2002年，在党的十六大上，他审时度势、大胆创新，提出要"统筹城乡经济社会发展"，发挥城市对农村的带动作用，特别是要"加快城镇化进程"，努力实现城乡经济一体化发展，实现全体人民的共同富裕。②他还指出，"三农"问题是关系党和国家前途命运的根本战略问题，如果经济出问题，很可能出在农业上，而如果农业出问题，经济社会发展的全局就会受到严重影响。在初期，农业支持工业是必要，而当工业化发展到一定程度，反过来应该支援农业。此外，为缩小城乡差距，要走中国特色的城镇化之路，着重发展小城镇。1998年10月，江泽民在江苏、浙江考察时指出："有计划、有步骤地把农业劳动力转移到新兴的小城镇和乡镇企业，是实现我国农业现代化的必由之路。"③

（四）以胡锦涛同志为总书记的党中央提出以"城乡统筹"为核心的工农城乡关系思想

党的十六大以来，以胡锦涛同志为总书记的党中央，提出了"城

---

① 邓小平．在武昌、深圳、珠海、上海等地的谈话要点 [M] //邓小平．邓小平文选：第三卷．北京：人民出版社，1993：382.
② 中共中央文献研究室．江泽民论有中国特色社会主义：专题摘编 [M]．北京：中央文献出版社，2002：129.
③ 中央财经领导小组办公室．中国经济发展五十年大事记 [M]．北京：人民出版社，1999：529.

乡一体化"的思想。其基本内涵是要消除城乡隔阂，加强城乡联系，缩小城乡差距，逐步实现城乡良性互动、协调发展，最终消灭城乡差别。2003年，为解决农民负担重问题，全国范围内开展了农村税费改革试点工作。2004年9月，在党的十六届四中全会第三次全体会议上，胡锦涛明确地提出"两个趋向"的重大判断，有力推动了新型工农城乡关系的建立。他说："综观一些工业化国家发展历程，在工业化初始阶段，农业支持工业、为工业提供积累是带有普遍性的趋向；但在工业化达到相当程度以后，工业反哺农业、城市支持农村，实现工业与农业、城市与农村协调发展，也是带有普遍性的趋向。"[①] 2007年10月，党的十七大进一步明确提出了"建立以工促农、以城带乡长效机制，形成城乡经济社会发展一体化新格局"，围绕"生产发展、生活宽裕、乡风文明、村容整洁、管理民主"，推动社会主义新农村建设。胡锦涛强调，要"坚持把解决好'三农'问题作为全党工作的重中之重，统筹城乡经济社会发展，实行工业反哺农业、城市支持农村和'多予少取放活'的方针，坚持以经济建设为中心，协调推进农村社会主义经济建设、政治建设、文化建设、社会建设和党的建设，推动农村走上生产发展、生活富裕、生态良好的文明发展道路"[②]。同年12月，在中央经济工作会议上，胡锦涛又强调，"我国正处于改革发展的关键阶段，也处于工业化、现代化的重要时期"，"必须坚持城乡统筹，形成城乡经济社会发展一体化的格局，努力实现城乡共同繁荣"[③]。2008年9月，在总结三十年农村改革发展的成功经验时，他提出"统筹城乡经济社

[①] 胡锦涛. 胡锦涛文选：第二卷 [M]. 北京：人民出版社，2016：247.
[②] 胡锦涛. 胡锦涛文选：第二卷 [M]. 北京：人民出版社，2016：412.
[③] 中央经济工作会议在北京召开 胡锦涛温家宝作重要讲话 [N]. 人民日报，2007-12-06（1）.

会发展，就是要充分发挥城市对农村的带动作用、农村对城市的促进作用，实现城乡经济社会发展一体化。这既是解决农业、农村、农民问题的重大举措，又是增强城市发展后劲的有效措施"①。

（五）以习近平同志为核心的党中央提出了以"城乡融合发展"为核心的新型工农城乡关系思想

习近平总书记长期关注统筹城乡发展问题，早在地方工作实践中就对"三农"问题、新农村建设和城乡一体化进行过长期深入的思考，提出了一系列新思想、新观点、新要求和新举措。党的十八大以来，以习近平同志为核心的党中央提出建立健全城乡融合发展体制机制和政策体系，加快推进农业农村现代化，开启了中国特色城乡关系发展的新篇章，主要举措包括实施乡村振兴战略，在新型城镇化的基础上实现农业农村优先发展，并建立健全城乡融合发展体制机制。

2015年4月，在十八届中央政治局第二十二次集体学习时的讲话中，习近平总书记指出，"推进城乡发展一体化要坚持从国情出发，从我国城乡发展不平衡不协调和二元结构的现实出发，从我国的自然禀赋、历史文化传统、制度体制出发，既要遵循普遍规律、又不能墨守成规，既要借鉴国际先进经验、又不能照抄照搬。要把工业和农业、城市和乡村作为一个整体统筹谋划，促进城乡在规划布局、要素配置、产业发展、公共服务、生态保护等方面相互融合和共同发展。着力点是通过建立城乡融合的体制机制，形成以工促农、以城带乡、工农互惠、城乡一体的新型工农城乡关系，目标是逐步实现城乡居民基本权益平等化、城乡公共服务均等化、城乡居民收入均衡化、城乡要素配置合理化，以

---

① 胡锦涛. 三十年农村改革发展的成功经验 [M] //胡锦涛. 胡锦涛文选：第三卷. 北京：人民出版社，2016：91.

及城乡产业发展融合化"。同年5月,习近平总书记在浙江调研时又指出,"提高城乡发展一体化水平,要把解放和发展农村社会生产力、改善和提高广大农民群众生活水平作为根本的政策取向,加快形成以工促农、以城带乡、工农互惠、城乡一体的工农城乡关系"①。

针对新时代城乡发展不平衡、农村发展不充分这一突出矛盾,党的十九大从全局和战略高度把握和处理工农关系、城乡关系,对城乡发展一体化战略进行了深化,提出实施乡村振兴战略,"建立健全城乡融合发展体制机制和政策体系,加快推进农业农村现代化"②。2018年9月21日,中共中央政治局就实施乡村振兴战略进行第八次集体学习,习近平总书记在主持学习时指出:"长期以来,我们对工农关系、城乡关系的把握是完全正确的,也是富有成效的。""我们应该通过振兴乡村,开启城乡融合发展和现代化建设新局面。"③

习近平总书记关于城乡融合发展的重要论述继承和丰富了马克思主义城乡关系理论,传承了中国共产党历届领导集体关于城乡关系的思想,为新时代重塑新型工农城乡关系发展指明了方向、提供了根本遵循。

二、新中国成立以来的工农城乡关系政策演变过程

1949年中华人民共和国的成立及其前后的各项改革,标志着新民主主义革命的胜利。就城乡关系来说,也标志着旧中国"城乡对立"

---

① 中共中央党史和文献研究院. 习近平关于"三农"工作论述摘编 [M]. 北京:中央文献出版社,2019:36.
② 习近平. 决胜全面建成小康社会 夺取新时代中国特色社会主义伟大胜利:在中国共产党第十九次全国代表大会上的报告 [N]. 人民日报,2017-10-28(1).
③ 中共中央党史和文献研究院. 习近平关于"三农"工作论述摘编 [M]. 北京:中央文献出版社,2019:43,44.

"城市剥削乡村"关系的结束,以及新民主主义革命的"农村包围城市"历史使命的完成。1949年9月,"城乡互助"作为基本经济纲领被列入具有临时宪法地位的《中国人民政治协商会议共同纲领》。以此为起点,既有研究通常将中国城乡关系的政策演变过程分为两个时期(其中,以改革开放为分水岭)、六个发展阶段(包括1949—1952年、1953—1957年、1958—1978年、1979—1984年、1985—2002年、2003年以来)。[①] 或者分为四个发展阶段,包括1948—1978年,城乡二元结构的形成及固化;1978—2002年,城乡经济社会互动发展;2002—2017年,统筹城乡发展;2017年以来,城乡融合发展阶段。[②] 本书认为新型工农城乡关系演变的过程从1949年到现在,大致经历了四个发展阶段,包括:(1)1949—1978年;(2)1978—2002年;(3)2002—2012年;(4)2012年至今。其中,前两个阶段属于城乡分治时期,而后两个阶段属于城乡融合时期。

(一)改革开放前的中国工农城乡关系演变

1950—1952年是三年国民经济恢复时期,也是中国农村人口迁入城市较多的时期。这一时期,伴随着党和国家的经济重心由乡村向城市的转移,工业日益成为国民经济的主导产业,劳动力开始由农村向城市转移,由此得以开始了我国"一五"计划期间的大规模工业建设。从1952年到1956年年底,我国对农业、手工业、资本主义工商业进行社会主义改造,社会主义的基本经济制度在中国全面建立起来。

总体上,在"一五"计划期间(1953—1957),我国城乡关系沿着

[①] 王松德. 新中国成立以来我国城乡关系的历史演变与现实启示[J]. 学习论坛, 2014, 30(10): 57-59.

[②] 姚毓春, 梁梦宇. 新中国成立以来的城乡关系: 历程、逻辑与展望[J]. 吉林大学社会科学学报, 2020, 60(1): 120-129, 222.

城乡协调的方向发展。在加速国家工业化的过程中，城市化得到快速发展，城乡人口自由流动，大量农村人口流向城市，进入城市就业和落户，城市人口比重从1949年的10.6%上升到了1957年的15.4%[①]。但与此同时，我国出现了粮食供应紧张，人口迁移出现盲目性，对城市稳定造成冲击。为限制农民流入城市，1957年，中共中央、国务院联合发出了《关于制止农村人口盲目外流的指示》，严厉要求各地采取有效措施制止农村人口迁往城市。1958年，我国颁布《中华人民共和国户口登记条例》，自此实行城乡分割的二元户籍制度。同一时期，我国开始实行政社合一的人民公社制度，使农民固守在农村、农业和集体经营上，极大地束缚了生产力发展。

在土地改革后，我国农业是一家一户分散经营，当时贫苦农民缺少生产工具、资金，利用土地不合理，因此影响农业生产的发展，满足不了国家工业化建设的需要。为此，国家决定把分散的个体农民组织起来，引导他们参加农业生产合作社，走集体化和共同富裕的社会主义道路。1955年7月31日，毛泽东作了《关于农业合作化问题》的报告。报告论证了迅速实现农业合作化的可能性，指出土地改革后的农民是愿意走社会主义道路的；同时，阐明了农业合作化和社会主义工业化的关系，指出根据我国国情，先合作化后机械化是发展社会主义农业现代化的重要途径。会议最终作出了加速推进农业合作化的决议，旨在实现三赢：一是改造落后的小农经济，使农业获得大发展；二是保证为工业化提供必要的积累；三是保持工业化和高积累过程中的社会稳定和避免两极分化。但是当以单一公有制和计划经济为目标的社会主义改造完成后，并没有出现原来设想的社会主义经济的优越性。到1978年改革开

---

① 付春. 新中国建立初期城市化分析 [J]. 天府新论, 2008 (3): 111-115.

放以前，由于"政社合一"的集体经营体制束缚了农民的积极性，粮食等主要农产品的增长始终不能满足人口增长的需要，城乡居民生活困顿，全国人民的温饱问题没有得到解决。

概括来说，在这一时期，重工业优先发展战略、高度集中的计划经济体制和相应的社会制度，是城乡关系发生演变的重要原因。

（二）改革开放后我国工农城乡关系的演变Ⅰ期（1978—2002）

在党的十一届三中全会以后，随着经济体制改革逐步推进，阻碍我国城乡交流的一系列体制政策得到改革和调整，农村改革快速推进，城乡关系在改革初期呈现出了良好互动状态。通过实施以打破城乡隔阂、实现城乡互动为目标的体制改革，我国城乡关系政策实践改变了农村基本经营制度、人民公社制度、商品流通和价格制度，松动了对劳动力流动和农户落户城镇的限制，使城乡之间的互动活跃起来。

1984年，全国农产品收购价格由1978年的133.6元上升到355.3元，城乡居民年收入比从2.57∶1降至1.86∶1。① 同时，长期隔离的城乡商品、要素、人口流动开始松动，城乡联系不断增强，城乡集市贸易恢复发展，部分农产品价格和流通管制逐步放开。1985年1月，中共中央、国务院发出《关于进一步活跃农村经济的十项政策》即第四个"中央一号文件"，从1985年起取消了30年来农副产品统购派购的制度。多数农产品进入自由市场交易，粮食销售基本放开。农业剩余劳动力从事其他产业的限制逐步取消，鼓励农村发展副业增加收入，农村工商业开始兴起。也是从1985年开始，在党的十二届三中全会之后，我国经济体制改革的重点由农村转移到城市，各种资源配置逐步向城市

---

① 马晓河. 改革开放以来我国工农业发展比例关系的演变[J]. 当代中国史研究，1996（1）：8-15.

倾斜。

在1978年之前，我国农村对城市的支持主要通过统购统销和工农"剪刀差"来实现，而改革开放之后，乡村和农民对城市的工业化支持形式发生了深刻变化，主要通过廉价劳动力和资金、土地等要素资源来实现。各级政府征用农民大量土地，财政投入巨额资金，国家资源再次大规模向城市倾斜，许多城市的基础设施水平甚至超过发达国家，城乡在基础设施与公共产品上的差距进一步扩大。

从1992年到2000年，我国经济改革的重点转向城市后，城市经济飞速发展，而农村经济陷入困境，城乡关系陷入了新的失衡。到2002年，城乡居民收入差距进一步扩大到3.11∶1。以"三提五统两工"为代表的农民负担持续加重。自改革开放以来到1992年，农民负担率始终是低于20%的，而1992年以后不断上升，到2001年已经达到了35.38%。[1]

总体上，在改革开放以来到2002年的这段时期，偏向工业和城市经济发展的政策并没有完全改变，"以农助工、以乡养城"的城乡关系模式并没有得到根本性改变，主要是体现在国家将公共资源配置严重倾斜到城市和非农业，投入农村和农业的比例过低。很多制度安排不利于城乡经济资源的合理配置。例如，在税收制度上，农业税收负担相对工业税收偏重，未能体现税收公平原则；在户籍制度上，农村劳动力流动具有短期性和不稳定性，城乡之间出现"候鸟"型流动；在劳动力市场制度上，城乡之间形成二元劳动力市场，不利于劳动力要素的自由流动。

---

[1] 胡书东.中国农民负担有多重：农民负担数量及减负办法研究[J].社会科学战线，2003（1）：86-92.

(三)改革开放后我国工农城乡关系的演变Ⅱ期(2002—2012)

在 21 世纪之初的头十年,我国城乡二元结构和体制使城乡差距继续扩大,"三农"问题成为制约国民经济和社会发展的关键性问题,统筹城乡发展是解决"三农"问题,推动经济社会又好又快发展的战略选择。而且我国进入工业化中期阶段,已经具备了"工业支持农业、城市反哺乡村、以城促乡的条件"。

在此背景下,2002 年,党的十六大初次提出"统筹城乡经济社会发展"的思想,为新的中央领导集体科学制定和实施统筹城乡发展战略奠定了思想理论基础,扭转了长期以来重工轻农、重城轻乡的发展取向。2003 年,党的十六届三中全会作出《中共中央关于完善社会主义市场经济体制若干问题的决定》,提出"建立有利于逐步改变城乡二元经济结构的体制","逐步统一城乡劳动力市场,加强引导和管理,形成城乡劳动者平等就业的制度"。

2004 年,党的十六届四中全会提出"工业反哺农业、城市支持农业",我国开始由城乡二元经济向城乡一元经济转换。2005 年,党的十六届五中全会将五个统筹,即"统筹城乡发展、统筹区域发展、统筹经济社会发展、统筹人与自然和谐发展、统筹国内发展和对外开放",作为全面建设小康社会的根本要求提出来,"统筹城乡发展"被摆在了"五个统筹"的第一位。2006 年,我国全面取消延续 2000 多年的农业税,农民负担问题得到了根本性缓解。与农村税费改革前的 1999 年相比,农民每年减负总额超过 1000 亿元,人均减负 120 元左右,8 亿农民得到了实惠,广大农民衷心拥护和支持这一政策。2007 年,党的十七大明确提出"形成城乡经济社会发展一体化新格局",系统提出了城乡一体化的指导思想,即建立以工补农、以城带乡、工农互惠、城乡一体的新型工农城乡关系。

2008年,党的十七届三中全会作出《中共中央关于推进农村改革发展若干重大问题的决定》,指出:"建立健全土地承包经营权流转市场,按照依法自愿有偿原则,允许农民以转包、出租、互换、转让、股份合作等形式流转土地承包经营权,发展多种形式的适度规模经营。"我国迈入了城乡一体化发展的新阶段。党中央、国务院高度重视农业,贯彻"多予、少取、放活"的方针,连续多年下发中央一号文件,作出扎实推进社会主义新农村建设的部署。在多予上,调整国民收入分配结构,实施粮食直补、农资综合直补、良种补贴、农机具购置补贴,加大对"三农"的扶持力度。2007年中央财政支农资金为3917元,2008年中央支农资金达到4318元。① 在少取上,全面取消农业税、牧业税、农业特产税、屠宰税,结束了2600多年我国农民种地缴纳皇粮国税的历史。在放活上,林权改革、农产品流通、粮食购销市场和价格进一步放开,农村最低生活保障制度出台。我国城乡发展一体化取得了明显成效。

(四)新时代的中国新型工农城乡关系(2012年至今)

进入新时代,党的十八大对城乡关系的认识达到一个新高度,将城乡失衡的症结归结为二元结构,将城乡发展一体化作为解决"三农"问题的根本途径,将推动城乡发展一体化的实质对准了破除城乡二元结构的体制,明确提出推动城乡一体化发展,形成"以工促农、以城带乡、工农互惠、城乡一体"的新型工农城乡关系。

2013年,党的十八届三中全会系统提出形成以工促农、以城带乡、

---

① 刘岳.农业供给侧结构性改革研究:以推进马铃薯主粮化为例[M].北京:人民出版社,2018:40.

工农互惠、城乡一体的新型工农城乡关系，其中，工农关系从"以工补农"发展到"以工促农""工农互惠"，城乡关系从"以城带乡"发展到"城乡一体"。此外，这次会议还进一步对健全城乡发展一体化体制机制作出了具体部署，提出加快构建新型农业经营体系、赋予农民更多财产权利、推进城乡要素平等交换和公共资源均衡配置以及完善城镇化建设发展机制四方面的改革任务。具体包括"推进农业转移人口市民化，逐步把符合条件的农业转移人口转为城镇居民"，"建立健全有利于城乡要素合理配置的体制机制"，"坚决破除妨碍城乡要素自由流动和平等交换的体制机制壁垒，促进各类要素更多向乡村流动，在乡村形成人才、土地、资金、产业、信息汇聚的良性循环，为乡村振兴注入新动能"，以推动要素实现由单向流动向双向流动转变的方式，助力城乡融合。

2017年10月，党的十九大首次提出"城乡融合发展"理念，为新时代处理城乡关系指明了方向和目标。当前，"我国社会中最大的发展不平衡，是城乡发展不平衡；最大的发展不充分是农村发展不充分"[1]。为此，要"让农业成为有奔头的产业，让农民成为有吸引力的职业，让农村成为安居乐业的美丽家园"[2]。此外，党的十九大还首次提出了实施乡村振兴战略，坚持农业农村优先发展，促进城乡融合发展。2019年5月，中共中央、国务院发布《关于建立健全城乡融合发展体制机制和政策体系的意见》，提出"搭建城乡产业协同发展平台，培育发展城乡产业协同发展先行区，推动城乡要素跨界配置和产业有机融合"，按

---

[1] 高云才. 韩长赋：乡村振兴，决胜全面小康的重大部署［N］. 人民日报，2017-11-16（2）.
[2] 韩长赋：让农业成为有奔头产业 让农民成为有吸引力职业［EB/OL］. 人民网，2018-03-07.

照"产业兴旺、生态宜居、乡风文明、治理有效、生活富裕"的总要求，建立健全城乡融合发展体制机制。① 2020年10月，党的十九届五中全会对"城乡统筹""城乡一体化""城乡融合"等发展理念进行深化，提出通过"工农互促"共建，推动"城乡互补"共享，形成"协调发展"格局，走向"共同繁荣"。② 我国新型工农城乡关系进入了城乡融合发展的更高阶段。

三、中国新型工农城乡关系演变的主要指标表现

从国民经济社会统计指标来看，新中国成立以来，我国新型工农城乡关系发生了很大变化。这些变化突出表现在六方面：一是我国产业结构从单一发展到了百业兴旺，产业结构不断优化；二是农村绝对贫困人口彻底脱贫；三是城市化发展快速，进入中后期转型提升阶段；四是公共服务和社会事业基本均等化程度不断提高；五是城乡一体的基础设施建设取得显著成绩；六是城乡居民人均可支配收入比例逐步下降。

（一）产业结构从单一到百业兴旺，持续优化升级

在新中国成立初期，我国农业的占比是较高的，工业和服务业相对薄弱。1952年，第一、第二、第三产业增加值占国内生产总值的比重分别为50.5%、20.8%和28.7%。在就业上，农业吸纳了83.5%的就业人口。到20世纪50年代至70年代末，随着工业建设推进，第二产业

---

① "统筹城乡发展"（2003年提出）、城乡"一体化发展"（2012年提出）、城乡融合发展（2017年提出）三个概念并非相互替代而是可以并存的关系，三者既有区别，又有联系。参见：魏后凯. 深刻把握城乡融合发展的本质内涵 [J]. 中国农村经济，2020（6）：5-8.

② 新型关系哪里"新"：四论认真学习贯彻党的十九届五中全会精神 [N]. 农民日报，2020-11-05（1）.

比重不断提升。1978年,第一、第二、第三产业比重分别为27.7%,47.7%和24.6%。此后,第三产业比重不断提高,1990年,第一、第二、第三产业比重分别为26.6%,41.0%和32.4%(见表1-1)。到2012年,我国第三产业比重达到了45.5%,首次超过第二产业,成为国民经济第一大产业。

表1-1 1952年到2010年我国三次产业占比情况(单位:%)

年份	1952	1960	1970	1980	1990	2000	2010	2018
第一产业	50.5	23.2	34.8	29.6	26.6	14.7	9.3	7.2
第二产业	20.8	44.4	40.3	48.1	41.0	45.5	46.5	40.7
第三产业	28.7	32.4	24.9	22.3	32.4	39.8	44.2	52.2

资料来源:国家统计局《辉煌70年》编写组.辉煌70年:新中国经济社会发展成就:1949—2019[M].北京:中国统计出版社,2019.

进入新时代以来,我国农业、工业、服务业协同发展。2019年,三大产业增加值占GDP的比重分别为7.1%,39.0%和53.9%,比2018年分别增加0.1个百分点,下降0.7个百分点和提高0.6个百分点。到2022年,在三大产业占比中,第一产业占比为7.3%,第二产业占比39.9%,第三产业占比52.8%。我国一产的占比已经低于10%,而三产占比超过了50%。[①]

(二)农村减贫取得举世瞩目的成绩

在改革开放前,我国农村地区普遍贫困,按照现行农村贫困标准衡量,1978年年底的农村贫困发生率约为97.5%,农村贫困人口规模达到了7.7亿人。改革开放以来,随着我国经济发展和人民生活改善,我

---

① 国家统计局.中华人民共和国2023年国民经济和社会发展统计公报[M].北京:中国统计出版社,2024.

国贫困人口大幅减少。到 2010 年年底，我国农村贫困发生率已经降到 17.2%，贫困人口降至 1.7 亿人。进入新时代，以习近平同志为核心的党中央围绕精准扶贫精准脱贫，改革创新扶贫体制机制，构建了完善的中国特色脱贫攻坚制度体系，打响了脱贫攻坚战。到 2019 年年底，我国农村贫困人口减少数量为 551 万人，比上年减少 1109 万人，贫困发生率下降了 1.1 个百分点，降到 0.6%，对全球减贫的贡献率超过了 70%（见表 1-2）。截至 2020 年 12 月，中国现行标准下的农村贫困人口全部脱贫，全国 832 个国家级贫困县已经全部脱贫摘帽。我国如期打赢脱贫攻坚战，在中华民族几千年历史上第一次消除绝对贫困，实现了中国人民的千年梦想、百年夙愿。

表 1-2　改革开放以来我国贫困人口减少情况（单位：万人）

年份	1978	1980	1985	1990	1995	2000	2005	2010	2011
贫困人口	77039	76542	66101	65849	55463	46224	28662	16567	12238
年份	2012	2013	2014	2015	2016	2017	2018	2019	
贫困人口	9899	8249	7017	5575	4335	3046	1660	551	

（三）城市化发展快速，进入中后期转型提升阶段

1949 年，我国城镇人口仅占总人口的 10.64%。经历了近 30 年的发展，到 1978 年年底我国常住人口城镇化率也仅为 17.9%，没有超过 20%。[①] 改革开放以后，我国城市化发展开始加速。到 2011 年，我国城镇化率首次突破 50%，达到 51.3%，城镇人口数量第一次超过了农村人口，城乡结构发生了历史性变化，从乡村型社会正式迈入城市型社会。

---

① 常住人口是指居住在本乡镇街道且户口在本乡镇街道或户口待定的人；居住在本乡镇街道且离开户口登记地所在的乡镇街道半年以上的人；户口在本乡镇街道且外出不满半年或在境外工作学习的人。

2018年，我国常住人口城镇化率达到59.58%，比1978年增加41.7个百分点，2019年达到60.60%，进入工业反哺农业、城市支持农村的发展阶段，已经属于城市化中后期。最新数据显示，2023年我国常住人口城镇化率已经提高到66.16%（见图1-1）。从户籍人口城镇化率看，城市化发展也是加速的。2012年至2018年，户籍人口城镇化率由35.33%提高到43.37%。到2023年，我国户籍人口城镇化率为48.66%，比常住人口城镇化率还低17.5个百分点。

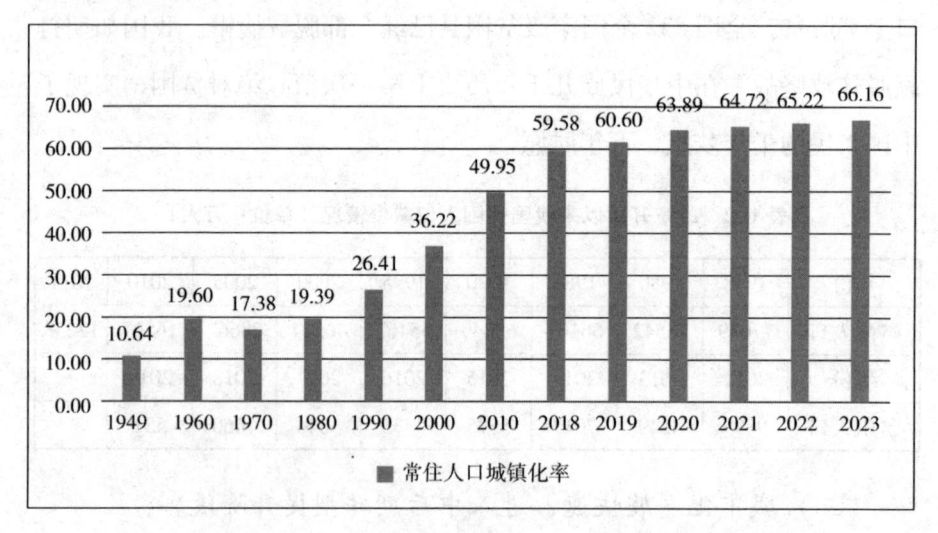

图1-1 新中国成立以来城镇化率变化情况（1949—2023）（单位:%）

数据来源：国家统计局《辉煌70年》编写组. 辉煌70年：新中国经济社会发展成就：1949—2019［M］. 北京：中国统计出版社，2019；国家统计局2019至2023年历年统计公报。

（四）公共服务和社会事业基本均等化程度不断提高

改革开放以来，我国城乡一体化的基本公共服务提供机制逐步建立。特别是党的十八大以来，户籍制度改革全面落地，农业转移人口市民化提速。统一的城乡居民基本养老保险、基本医疗保险、大病保险制度逐步建立。2021年年底，全国参加基本养老保险10.3亿人。基本医疗保险覆盖13.6亿人，参保率稳定在95%以上，全民医保基本实现。到2023年年底，基本医疗保险参保人数达13.3亿人，参保率稳定在95%以上，参保质量持续提升。

（五）城乡一体的基础设施建设取得显著成绩

我国农村水电路网等基础设施水平全面提升。截至2018年年底，全国99.6%的乡镇、99.5%的建制村通了硬化路，99.1%的乡镇、96.5%的建制村通了客车，95%的建制村连接了4G网络。① 2021年，城乡居民有安全饮用水的户比重为99.5%和97.0%，分别比2013年提高1.5和22.3个百分点。城镇地区有96.6%的户所在社区饮用水经过集中净化处理，农村地区有80.4%的户所在自然村饮用水经过集中净化处理，分别比2013年提高5.3和34.8个百分点②。

（六）城乡居民人均可支配收入比例逐步下降，城乡生活水平极大改善

1949年，我国城镇居民人均可支配收入仅为99.5元，农村为43.8元，城乡收入比为2.27。此后，城乡收入比逐渐扩大。1956年，城镇242.9元，农村72.9元，城乡收入比扩大到3.33。1957年，城乡收入比继续扩大到3.47。改革开放以后，我国城乡收入比开始下降，到1978年，城乡收入比下降到2.57；1979年，下降为2.52。到2023年，城乡居民人均可支配收入比下降到了2.39（见表1-3）。另外，改革开放以来，我国城乡居民的恩格尔系数发生翻天覆地的变化。1980年，我国农村居

---

① 建制村是经省市级国家机关批准设置的村，与"行政村"一致，区别于自然村。
② 国家统计局. 城乡居民的生活环境和品质正在持续向好［EB/OL］. 央视网，2022-10-11。

民恩格尔系数为61.8%，城市居民为56.9%，农村比城市高4.9个百分点。到2018年，农村居民恩格尔系数下降为30.1%，城市居民为27.7%，二者与改革开放之初相比，都下降了一半以上，其中，农村指标下降31.7个百分点，城市下降29.2个百分点；城乡恩格尔系数差距从4.9个百分点下降到了2.4个百分点。城乡居民生活水平发生很大改变，城乡生活水平差距缩小明显（见图1-2）。

表1-3 新时代我国城乡居民人均可支配收入变化情况（2012—2022年）

年份	城镇（元）	农村（元）	城乡居民人均可支配收入比例
2012	24565	7913	3.10
2013	26955	8896	3.03
2014	28844	9892	2.92
2015	31195	11422	2.73
2016	33616	12363	2.72
2017	36396	13432	2.71
2018	39251	14617	2.69
2019	42359	16021	2.64
2020	43834	17131	2.56
2021	47412	18931	2.50
2022	49283	20133	2.45
2023	51821	21691	2.39

资料来源：历年中华人民共和国统计公报。

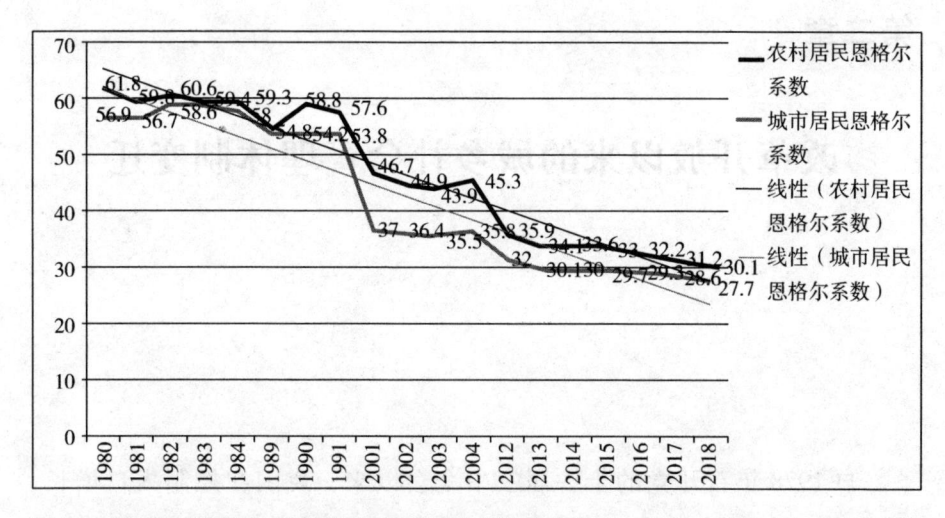

图 1-2 改革开放以来我国城乡居民恩格尔系数变化情况（1980—2018 年）（单位：%）

数据来源：国家统计局《辉煌 70 年》编写组. 辉煌 70 年：新中国经济社会发展成就：1949—2019 [M]. 北京：中国统计出版社，2019.

第二章

改革开放以来的城乡社会管理体制变迁

自1978年召开党的十一届三中全会以来,我国在控制人口增长、减少贫困、普及教育、环境保护、卫生保健、扩大就业、社会福利、居民住房、妇女儿童权益保护、民族平等团结和繁荣发展等社会管理与公共服务方面取得显著成就,城乡社会管理体制在此过程中也不断完善和发展。本章对改革开放以来的城乡社会管理体制变迁进行制度分析。

一、对社会管理体制的基本阐释

回顾我国40多年来建设中国特色社会主义的历程,可以清楚地看到,从理论上,我们党对社会建设和社会管理的认识不断深化;在实践中,我们党也不断深化社会管理体制改革,推动各项社会事业蓬勃发展。进入21世纪,我国经济社会发展迎来了重要战略机遇期。与此同时,我国经济社会发展也进入了社会矛盾凸现期。一方面,随着改革开放的不断深入和社会主义市场经济体制的逐步建立,经济成分、组织形式、就业方式、利益关系和分配方式愈趋多样化,社会问题增加,社会矛盾增多;另一方面,自20世纪80年代以来,人类社会逐步进入全球化时代和风险社会,开放的中国也面临着各种社会风险和突发性事件,社会管理难度在加大，社会管理法规亟待完善，社会管理体制也亟待创新。面对这些形势任务，我国各级政府积极推动加强和创新社会管理的工作。

从国内外的研究来看，社会管理体系的要素主要包括社会管理理念、社会管理体制机制、社会管理的财政保障、社会管理方式、社会管理的组织结构、社会管理法律法规、社会管理人才队伍建设等。这些要素不是绝对分开的，而是相互联系的。其中，社会管理体制是关键要素。综合来看，目前，大家对社会管理体制主要形成了如下一些基本观点。

第一，社会管理行为和社会管理措施都源于社会管理理念，而在不同的社会管理理念下，对社会管理和社会管理体制的理解也不一样。社会学和政治学学者对社会管理给出的定义，大致可分为广义和狭义两种。其中，广义的社会管理是指整个社会的管理，即指包括政治子系统、经济子系统、思想文化子系统和社会生活子系统在内的整个社会大系统的管理。狭义的社会管理主要指与政治、经济、思想文化各子系统并列的社会子系统或者社会生活子系统的管理。

研究者们对社会管理体制的理解也不同，如龚维斌认为，社会管理体制是围绕社会管理活动所建立的一系列制度、规范和措施，目的是处理社会事务，协调社会利益关系，解决社会问题，化解社会矛盾，满足公众正当的社会需求，保障社会有序运行，维护社会和谐稳定。[①] 杨宜勇则认为，社会管理体制是不同社会群体通过相应组织在社会管理领域相互制约和相互合作的互动机制。它是与经济管理体制、政治管理体制

---

① 龚维斌. 深化社会管理体制改革：建立以政府为主导的多元化的社会管理新格局[J]. 行政管理改革，2010（4）：37-41.

和文化管理体制相平行的。① 何增科认为，社会管理是政府和民间组织运用许多资源和手段，对社会生活、社会事务、社会组织进行规范、协调、服务的过程，其目的是满足社会成员生存和发展的基本需求，解决社会问题，提高社会生活质量。相应地，社会管理体制是国家就各种社会管理主体在社会生活、社会事务和社会关系中的地位作用、相互关系及运行方式而制定的一系列富有约束力的规则和程序性安排，其目的在于整合社会资源，协同解决社会问题，规范社会运行，维护社会秩序。社会管理体制的制度要素至少包括社团管理体制、社会保障体制、社会治安体制、社会应急体制、社会服务体制、社区管理体制、社会工作体制和社会政策决策体制等。在当前的中国，由于政府是社会管理的主导性主体，因此，社会管理体制也可以被等同于政府社会管理体制。②

第二，政府的社会管理职能是动态变化的，不同时期的社会管理体制也不同。在任何社会，政府的社会职能都是必需的，但是社会管理职能作为一项独立于政治职能、经济职能的政府职能，是随着社会结构的变迁及社会问题的出现才有的事情。当社会由政治国家和私人领域的二维结构变成了政治国家、市民社会、私人领域的三维结构时，在国家利益、个人自由以外，产生了社会公共利益，产生了公法及公共组织对社会公共利益和社会公平秩序的维护，也就出现了政府作用的新领域——

---

① 杨宜勇. 创新有中国特色的社会管理体制［N］. 学习时报，2011-06-13（3）.
② 何增科. 中国社会管理体制改革与社会工作发展［M］//何增科. 社会管理与社会体制. 北京：中国社会出版社，2008：2-8.

对社会进行管理。① 政府的社会管理职能是不断变化的。在传统社会中，政府的社会管理职能内涵较为简单，主要限于维护法律秩序和征收赋税等。而到了现代社会，政府的社会管理内涵日益丰富，出现了传统社会中没有的或一些过去比较不重要的社会管理事务，特别是经济管理事务方面。并且，现代社会管理是政府干预与协调、以非营利组织为中介、以基层自治为基础、公众广泛参与的互动过程。

此外，新中国成立以来不同历史时期的社会管理体制也是不同的。从1949年以后到1978年的近30年中，在高度集权的政治体制和计划经济体制基础上，我国建立了"国家—单位—个人"的一元化主体社会管理格局。执政党和政府成为社会管理的唯一主体。当时的社会管理体制包括作为国家的社会控制和福利供给职能延伸的单位体制，以及"议行合一、政社合一"的人民公社体制，作为单位体制补充的管理单位体制以外的城市居民的街道办事处和居民委员会体制（街居制），依靠政治—身份来划分的阶级分类体制并辅之以运动式、批斗式的政治管理方式，作为党和政府的传送带的群团组织，城乡分割限制人口自由流动的户籍制度，等等。随着改革开放的深入，我国传统的社会管理体制不断瓦解，适应工业化、城市化、信息化、市场化和全球化的新的社会现实需要，对相对独立于政治和经济子系统的社会子系统进行制度化管理的现代社会管理体制就逐步建立起来，包括社会管理格局和社会管理体系两方面。其中，现代社会管理格局是政府、企业、民间组织和公民

---

① 政府社会管理与行政管理不同，行政管理遵循的是上下级之间的支配与服从的关系定律，强调上下级之间的一致性，而社会管理所遵循的则应是服务需求关系定律，强调主体的自主性。如果政府用行政方式管理社会，就会出现利用行政手段建构行政化的社会运行过程的问题，进而使社会不能自主发展，社会内部缺乏有序运行的机制。

等多元主体对社会生活、社会事务和社会行为的合作管理。社会管理体系则是围绕社会整合、社会融合、社会保障、社会服务、社会工作、社会控制六大运行机制而建构的制度体系。①

第三，社会管理是社会控制和社会自治、管理和服务、强制性秩序和自发性秩序的有机结合，既包括党和政府对社会的管理，也包括社会的自我管理。在任何国家，一个稳定、和谐与发展的社会都离不开有效的社会管理。因为社会事务纷繁复杂，社会问题各式各样，社会需求又千差万别，利益关系错综复杂，需要多元化的治理主体，不仅党和政府是社会管理的主体，社会组织、公民也是社会管理的主体。② 也就是说，通常情况下，社会管理包括两类：一类是政府对有关社会事务进行规范和制约，即政府社会管理。政府通过整合社会资源，动员社会力量，为增进公共利益，依法对社会事务实施的组织化活动。一类是社会（自治组织、非营利组织和公民）依据一定的规章制度和道德约束，规范和制约自身的行为，也就是社会的自我管理和自治管理。

政府社会管理主要有三层内涵：第一，政府社会管理是对家庭、社会团体与社会自治所不能解决的社会事务的管理，这些社会事务涉及社会整体的公共利益，需要依靠国家权力与政府权威加以解决；第二，必须由政府管理的社会事务构成政府社会管理的主要内容，如保障公民权利、维护社会秩序、协调社会利益、实施社会政策、管理社会组织、提供社会安全网、解决社会危机等；第三，政府社会管理的核心是社会政策，社会政策是政府干预社会的主要手段和基本措施，它决定了政府的

---

① 何增科. 我国社会管理体制的现状分析 [J]. 甘肃行政学院学报，2009（4）：101-107，127.

② 何增科. 创新社会管理要给公权力套上"笼头" [N]. 21世纪经济报道，2011-03-08（T4）.

其他社会管理手段。社会政策的核心是福利国家或福利社会政策。①

根据我国现阶段的特点和部门分工，进行社会管理的政府部门原则上可以分为两大类：一类负责社会公平，主要手段是提供社会公共服务和公共物品；一类负责社会安全和社会稳定，主要手段是行政和司法。第一类政府部门包括教育、文化、卫生、民政、体育、劳动社保等部门，第二类政府部门包括公安、司法、安全、社团管理、安全生产等部门。②

二、中国城乡社会管理体制的变迁动力：推拉学说

与经济的发展类似，中国社会管理体制的变迁存在内外两个推拉的力量。③ 一个力量是改革实践，它推动了社会管理理念的更新和新话语的出现，即从内部产生推力；一个力量是国外新公共管理思想、治理善治理论的兴起，它影响了社会管理理念的更新和指导了具体的社会管理体制改革实践，即从外部产生拉力。前者可以说是改革的结果，而后者则是开放的结果。

第一，从内部来看，改革实践不断推动社会管理理念的更新和社会管理体制的变迁。在改革开放之初，中国国内首先就开展了一次针对真理标准的大讨论，使人们在思想上进行了一次大解放，为改革开放奠定

---

① 中国行政管理学会课题组．加快我国社会管理和公共服务改革的研究报告［J］．中国行政管理，2005（2）：10-15．
② 丁元竹．对建立和完善社会管理体制改革的若干思考［J］．中国行政管理，2007（9）：14-17．
③ 在经济学中，关于劳动力的迁移有比较著名的推拉理论，认为人口流动的目的是改善生活条件，流入地的那些有利于改善生活条件的因素就成了拉力，而流出地的不利的生活条件就是推力。人口流动就是这两股力量前拉后推所决定的。本书借用这个提法，来分析社会管理体制的变迁。

了思想基础和理论基础。20世纪80年代初期，随着改革开放的深化，我国从国外开始引入社会管理这个相对独立的概念。但是，早期的社会管理带有计划经济的浓厚色彩和价值取向，也代表了苏联及东欧计划经济国家社会管理的基本思路和价值取向。这种社会管理理念在相当长一个时期影响了我国的公共服务供给。① 进入20世纪80年代中后期，中国的社会管理理念不断得到更新，社会管理变得越来越重要，制定和修正相应的政策、法规和制度成了迫切需要，社会管理体制问题得到了党和政府的高度重视。20世纪90年代，党和国家更是高度重视政府职能的转变。1993年，中共十四届三中全会审议通过《中共中央关于建立社会主义市场经济体制若干问题的决定》，"市场经济"写入了政府文件。中央政府开始强调政府经济部门要转变职能，加强政府社会管理职能，保证国民经济正常运行和良好社会秩序保持。

进入21世纪以来，随着社会主义市场经济体制的初步建立和完善，党和政府不断更新社会管理理念，社会管理体制也不断变迁。2002年，党的十六大强调，要完善政府经济调节、市场监管、社会管理、公共服务职能，改进管理方式，保持良好社会秩序。2005年2月21日，胡锦涛同志在主持中央政治局第二十次集体学习时，进一步着重提出了社会管理的问题，他指出：要适应社会主义市场经济发展和社会结构深刻变化的新情况，深入研究社会管理规律，更新社会管理观念，推进社会建设和管理的改革创新，尽快形成适应我国社会发展要求和人民群众愿望、更加有效的社会管理体制，以提高执政党管理社会事务的本领。紧接着，2006年3月，中国政府制定《国民经济和社会发展第十一个五

---

① 丁元竹. 对建立和完善社会管理体制的若干思考 [J]. 中国行政管理，2007 (9)：14-17.

年规划纲要》，明确提出加快建设服务型政府、责任型政府、法治型政府。建设服务型政府，就是要让政府由全能型、管理型向有限服务型政府转变，由政府本位、官本位体制转向社会本位、公民本位。2006年10月11日，中国共产党第十六届中央委员会第六次会议上通过《中共中央关于构建社会主义和谐社会若干重大问题的决定》，明确指出：加强社会管理，维护社会稳定，是构建社会主义和谐社会的必然要求。必须创新社会管理体制，整合社会管理资源，提高社会管理水平，健全党委领导、政府负责、社会协同、公众参与的社会管理格局，在服务中实施管理，在管理中体现服务。2007年9月28日，胡锦涛在党的十七大讲话中提出"科学发展观，第一要义是发展，核心是以人为本，基本要求是全面协调可持续，根本方法是统筹兼顾"[1]。科学发展观的提出为社会管理提供了新的理论指导思想。它标志着中国的社会管理真正开始以"公平正义"和"服务"作为主导价值，并且更加强调服务，强调民本化、人性化、科学化、规范化、民主化的社会管理理念。

党的十八大以来，以习近平同志为核心的党中央加强和创新社会治理，完善中国特色社会主义治理体系，推动中国社会管理上了新台阶。2012年11月15日，习近平总书记在十八届中央政治局常委同中外记者见面时，就指出"我们的人民热爱生活，期盼有更好的教育、更稳定的工作、更满意的收入、更可靠的社会保障、更高水平的医疗卫生服务、更舒适的居住条件、更优美的环境，期盼孩子们能成长得更好、工作得更好、生活得更好。人民对美好生活的向往，就是我们的奋斗

---

[1] 胡锦涛. 胡锦涛文选：第二卷 [M]. 北京：人民出版社，2016：623.

目标"①。

除了中央政府对社会管理体制改革创新的宏观倡导,各级地方政府也积极推动微观实践,推动社会管理体制改革和创新。地方政府在社会建设过程中探索和积累了不少健全社会管理体制的好做法、好经验,包括:(1)不断完善诉求表达机制。立足诉求表达,支持公众参与;立足情绪疏导,协调公众参与;立足矛盾化解,引导公众参与。(2)以创新促管理。统筹推进社会管理制度建设和城乡一体化制度建设,促进形成城乡发展一体化新格局。(3)加强应急管理区域合作。实行应急管理区域合作,在相邻的地区建立应急管理联动机制。(4)充分发挥企业作用。把社会管理创新与企业社会责任结合起来,增强企业的社会责任感。②

第二,从外部来看,西方新公共管理思想、治理善治理论的兴起和具体实践不断影响中国的社会管理体制变迁。学术界对社会管理体制的研究经历了由冷到热的过程。仅以"社会管理"为篇名对中国知网的数据库进行检索,结果表明,从1994年,学术界开始对中国社会管理问题进行研究,但在2004年以前,此方面的研究数量一直处于每年不足400篇的低水平状态。2004年之后,随着和谐社会理念的提出与社会管理问题被提上日程,社会建设、社会管理、社会组织、市民社会等成为学术界,特别是社会学、政治学与行政学、公共管理学等学科研究

---

① 中共中央文献研究室.习近平关于全面深化改革论述摘编[M].北京:中央文献出版社,2014:91.
② 丁元竹,张强,张欢,努力建设中国特色社会管理体系:"首届中国社会管理论坛"[N].人民日报,2011-07-07(7).

的热点。① 研究成果数量开始急剧上升，2011年达到了高峰，此后，成果数量便一直保持在相对较高的水平（见表2-1）。

表2-1 我国社会管理研究领域发文情况（1990—2023年）

年份	1990年	1991年	1992年	1993年	1994年	1995年
篇数	101	90	88	196	372	328
年份	1996年	1997年	1998年	1999年	2000年	2001年
篇数	286	273	271	282	329	361
年份	2002年	2003年	2004年	2005年	2006年	2007年
篇数	392	510	500	813	1110	1304
年份	2008年	2009年	2010年	2011年	2012年	2013年
篇数	1162	1278	2386	5908	4798	3628
年份	2014年	2015年	2016年	2017年	2018年	2019年
篇数	2257	1669	1445	1246	1198	1141
年份	2020年	2021年	2022年	2023年		
篇数	969	903	812	658		

数据来源：中国知网检索，2024年6月7日。

从话语角度来看，中国在社会管理理念上受到国外社会公共管理新趋势的影响。新公共管理运动兴起于20世纪80年代后期和20世纪90年代初期。这种社会管理理论倾向于把决策制定（掌舵）和决策执行（划桨）分离。为了实现两者分离，新公共管理主张通过民营化等形式，把公共服务的生产和提供交给市场和社会力量来承担，建立政府、企业和社会之间的合作机制。而政府主要集中于掌舵性职能，如拟定政策、建立适当的激励机制、监督合同执行等，引导它们为实现公共利益

---

① 陆文荣.社会管理：作为实践和概念［J］.社会科学管理与评论，2011（2）：17-25，111-112.

的崇高目标服务。顺应全球社会公共管理新趋势，中国加快了从传统的"经济管理为主"向现代的"社会管理为主"的转变，不断完善政府的社会公共管理职能，从实施全面管理的"全能政府"转变为实施公共管理的有限政府。

此外，20世纪七八十年代，社会组织作为一种新兴的力量进入了人们的视野。市民社会的萌芽和发展为建构一个网状治理结构和扁平化社会的到来提供了支持。进入20世纪80年代末90年代初后，治理理论也随之成为一种全球新兴的社会管理理论。这种理论强调，政府应该通过和市场部门、社会组织通力合作，共同对社会生活进行规划和管理。进入21世纪，治理和善治理论成为我国学界的重要话语。如果说在改革开放前的很长时间里，传统的社会管理依托行政体系，通过社会生活实施控制来维护社会稳定，追求的目标是政府本位的"善政"，那么，改革开放以来尤其是党的十六大以来，新型社会管理追求的目标是实现社会本位的"善治"，贯彻"以人为本"，以社会公共利益为核心，强调服务公众理念，达到兼顾各方面利益基础上的公共利益最大化。以"善治"理念引领社会管理创新，推动了我国各级政府的具体实践。比如，上海市静安区在社会建设中就引入"善治"理念，提出构建和谐社区共同体，编制社会安全网络，从理念、机制、主体等方面积极探索创新社会管理工作，推行了一系列体现社会管理创新的公共政策。

三、中国城乡社会管理体制变迁的逻辑：四组重要关系

研究表明，不同国家、地区和一国不同时期的社会管理模式的差别，主要在于社会管理主体，即政府、社会和市场三方面的互动和彼此力量的消长以及社会管理的价值取向，也就是某种社会管理模式是以秩

序，或者以公平和效率，或者以服务为主导的价值取向。回顾中国改革开放40多年来的城乡社会管理体制变迁，我们也可以发现有四组力量或者四组重要关系在其中起到关键作用。这四组关系不仅仅是我们的主流发展话语中的常见词汇，更是具体生动的社会实践。它们分别是改革、发展与稳定的关系；效率和公平的关系；经济现代化和社会现代化的关系；政府、企业和社会的关系。40多年来，中国政府围绕正确处理这四组重要关系，对城乡社会管理体制不断进行完善和改进。可以说，厘清这四组关系，也就能在一定程度上理解中国城乡社会管理体制变迁的内在逻辑。

(一) 正确处理改革、发展与稳定三者的关系

正如很多研究指出的，中国的改革开放是渐进式的。中国渐进式的制度变迁方式避免了激进改革容易导致的社会剧烈动荡局面。[1] 所谓渐进式改革，就是以经济发展做基础的改革。以改革促进经济发展，又以经济发展的水平和要求为依据，逐步地将改革从一个阶段向一个阶段有序推进。改革从农村开始，逐步扩展到城市；从经济领域开始，逐步扩展到社会各个领域；从局部的单项改革，逐步发展到以建立社会主义市场经济体制为目标的全面改革。

在这条渐进式发展道路上，正确处理改革、发展和稳定三者的关系，是40多年来我国经济社会发展取得巨大成就的一条基本经验，也是推动中国社会管理体制变迁的逻辑之一。中国特色社会主义的发展需要的和谐稳定的社会环境，来自有效的社会管理。实践也表明，稳定、

---

[1] 王乐夫，李珍刚. 论中国政府职能社会化的基本趋向 [J]. 学术研究，2002 (11)：92-97, 105; 马蔡琛. 社会转型期政府职能转变与公共管理改革 [J]. 安徽大学学报 (哲学社会科学版)，2002 (5)：118-120.

和谐的社会发展，总是与有效的社会管理相联系，而失衡、动荡的社会往往与低效率的社会管理直接相关。①

自改革开放以来，历届党和国家领导人都高度重视正确处理改革、发展和稳定的关系，以此指导社会管理体制的完善。以邓小平同志为核心的第二代中央领导集体，坚持"两手抓"，一手抓改革开放，一手抓维护社会稳定。1985年5月20日，邓小平在会见"大陆与台湾"学术研讨会主席团陈鼓应教授时说："总之，一个目标，就是要有一个安定的政治环境。不安定，政治动乱，就不可能从事社会主义建设，一切都谈不上。治理国家，这是一个大道理，要管许多小道理。那些小道理或许有道理，但是没有这个大道理就不行。"② 1990年3月3日，邓小平同志指出，"世界上一些国家发生问题，从根本上说，都是因为经济上不去，没有饭吃，没有衣穿，工资增长被通货膨胀抵消，生活水平下降，长期过紧日子"③。"改革是中国的第二次革命""发展才是硬道理""稳定压倒一切"，这三个论断深刻表明，改革、发展和稳定是中国现代化建设中的三个重要支点，缺一不可。

以江泽民同志为核心的第三代中央领导集体，高度重视维护社会稳定，并把正确处理改革发展稳定的关系作为事关社会主义现代化建设全局的重大问题。1995年9月28日，江泽民在党的十四届五中全会闭幕时的讲话中正式提出了正确处理好改革、发展、稳定三者关系。他讲了12个必须处理好的带有全局性的重大关系，其中，改革、发展和稳定

---

① 龚剑飞.马克思恩格斯的社会管理思想及其现实意义：兼析党的十七大报告中的社会管理思想［J］.江西社会科学，2008（1）：170-175.

② 邓小平.搞资产阶级自由化就是走资本主义道路［M］//邓小平.邓小平文选：第三卷.北京：人民出版社，1993：124.

③ 邓小平.国际形势和经济问题［M］//邓小平.邓小平文选：第三卷.北京：人民出版社，1993：354.

的关系被摆在了首要的位置。他说,改革、发展、稳定是我国现代化建设全局中三枚关键的棋子,"三者关系处理得当,就能总揽全局,保证经济社会的顺利发展;处理不当,就会吃苦头,付出代价"①。他强调,改革是一场深刻的社会变革,必然要求进行利益调整、体制转换和观念更新。我们追求的稳定既不是计划经济时代里那种僵化的稳定,也不是短缺时代里那种落后的稳定。我们追求的是改革中的稳定,是发展中的稳定,是一种建立在国力不断增强和人民生活水平不断提高这两大基础之上的稳定。

党的十六大以后,以胡锦涛同志为总书记的党中央同样十分重视维护社会稳定。2003年11月,胡锦涛同志明确指出,坚持稳定压倒一切,正确处理改革发展稳定的关系,在社会稳定中推进改革发展,通过改革发展促进社会稳定,是我们党领导人民在建设中国特色社会主义长期实践中形成的基本经验,也是我们必须长期坚持的基本方针。2006年10月11日,在中共中央十六届六中全会的重要讲话中,胡锦涛再次强调构建社会主义和谐社会,必须坚持正确处理改革发展稳定的关系,对强化政府社会管理的职能提出了一系列要求。② 2011年,在庆祝建党90周年的讲话中,他进一步强调,正确处理改革发展稳定关系,实现改革发展稳定的统一,是关系我国社会主义现代化建设全局的重要指导方针,发展是硬道理,稳定是硬任务。没有稳定,改革也好,发展也好,什么事情都办不成,已经取得的成果也会失去。

党的十八大以来,以习近平同志为核心的党中央高度重视社会稳定

---

① 江泽民. 正确处理社会主义现代化建设中的若干重大关系:在党的十四届五中全会闭幕时的讲话 [N]. 人民日报,1995-10-09 (1).
② 唐铁汉. 我国政府职能转变的成效、特点和方向 [J]. 国家行政学院学报,2007 (2):10-13.

问题。2012年，在中央经济工作会议上，习近平总书记指出，"我国进入了社会矛盾多发期，各种人民内部矛盾和社会矛盾较多，而我们的社会管理工作在很多方面还跟不上。各级党委和政府要深入研究人口大规模流动、利益多样化、社会信息化、思想文化多元化形势下的社会管理规律，拓宽思路，完善体制机制，注重源头治理，加强思想政治工作，依靠社会力量，坚持依法办事和依法维权相结合，不断提高社会管理科学化水平，促进社会和谐稳定"①。

(二) 正确平衡效率和公平之间的关系

与渐进式改革相应，走渐进式的改革道路，中国不仅强调效率优先，而且兼顾公平，在不断调节解决各方面的矛盾和问题的过程中，使人民不断地从改革中获得利益，而且获得的利益总体上比较公正。自从改革开放以来，我国在公平和效率关系的权衡上，经历了从"公平优先——兼顾效率和公平——效率优先，兼顾公平——初次分配注重效率，再分配注重公平——更加注重公平"的演变过程。

在20世纪80年代中期以前，我国始终坚持公平优先。在公平与效率的权衡上，把公平放在第一位。而从20世纪80年代中后期到1993年11月召开的中共十四届三中全会，我国开始从公平优先转向了兼顾效率和公平。1993年11月，中共十四届三中全会通过《中共中央关于建立社会主义市场经济体制若干问题的决定》，明确提出"建立以按劳分配为主体，效率优先，兼顾公平的收入分配制度"。这种转变表明我国开始与平均主义决裂，从过分偏爱公平转向了同等看待公平与效率，并在理论和实践上开始纠正平均主义倾向。

---

① 中共中央文献研究室. 习近平关于社会主义社会建设论述摘编 [M]. 北京：中央文献出版社，2017：119.

进入 21 世纪后，我国在公平和效率的权衡上做出了重大调整，这种调整首先体现在 2002 年召开的党的十六大对公平和效率关系的重新论述上，进一步体现在中共十六届五中全会确定的"更加注重公平"的分配原则中。2006 年 10 月，党的十六届六中全会的决议对收入分配提出"更加注重社会公平，着力提高低收入者收入水平，逐步扩大中等收入者比重，有效调节过高收入，坚决取缔非法收入，促进共同富裕"。2007 年，党的十七大报告仍然体现了以上政策取向，指出"初次分配和再分配都要处理好效率和公平的关系，再分配更加注重公平"[1]。

党的十八大以来，我们党坚持"做大蛋糕"与"分好蛋糕"并重，坚持推进精准扶贫、精准脱贫，让全体人民更有获得感。习近平总书记强调，"改革既要往有利于增添发展新动力方向前进，也要往有利于维护社会公平正义方向前进，注重从体制机制创新上推进供给侧结构性改革，着力解决制约经济社会发展的体制机制问题；把以人民为中心的发展思想体现在经济社会发展各个环节，做到老百姓关心什么、期盼什么，改革就要抓住什么、推进什么，通过改革给人民群众带来更多获得感"[2]。

（三）正确处理经济现代化和社会现代化之间的关系

中国特色社会主义道路不仅包含经济现代化，也包含社会现代化的发展道路。社会现代化的内涵包括从农业社会向工业社会、从工业社会向知识社会的两次社会转型；社会生产力和生活质量的持续提高；生活方式和观念的深刻变化；国民文化和健康素质的大幅提高；国内社会福

---

[1] 李延明. 从效率优先到更加注重公平：改革开放以来我国在公平与效率关系上的演变 [J]. 生产力研究，2009（8）：4-5, 35.

[2] 习近平. 改革既要往增添发展新动力方向前进 也要往维护社会公平正义方向前进 [N]. 人民日报，2016-04-19（1）.

利与社会公平的根本改善；国际社会地位的变化。社会现代化是社会领域的革命性、整体性的变迁和发展，是一个长期的、持续的历史性过程。社会现代化的主要特征包括将人的发展和社会发展统一起来，坚持科学发展观的指导，以及建设和谐社会。①

在改革开放以前，中国政府与社会的关系是高度一体同构的全能型体制，政府职能无所不包，社会的行政管理职能与经济管理职能高度集中。改革开放40多年来，中国基本实现经济现代化，但是与之对应的"社会现代化"还远未完成。2010年，中国的GDP总量超过日本，位居世界第二位。但是经济发展过程中的社会问题也开始不断出现，给中国未来的发展带来诸多困难和障碍。这些社会问题包括城市贫困问题、流动人口问题、社会两极分化问题、环境污染问题、老龄化问题、越轨和犯罪行为剧增等。② 比如，根据国家统计局的数据，到2019年年底，全国流动人口就已经达到2.36亿人，这么大规模的流动人口的生存和发展，对社会管理提出了迫切的要求。同时，现代社会又是一个高风险社会，在全球化时代和信息网络时代，人员、资本、资源、信息的快速跨国界流动加剧风险的传播和扩散，并放大了风险和危机的影响。所有这些问题和挑战形成倒逼机制，深刻动摇了传统社会管理模式的基本支柱，同时又为社会管理体制的创新提供了机遇，推动社会现代化。

（四）正确处理好政府、企业、社会三者的关系

中国的传统社会体制是一种高度一元化的体制。党政不分、政企不分、国家与社会不分，政治生活与经济生活不分，是传统体制的特

---

① 王宁. 社会管理十讲 [M]. 广州：南方日报出版社，2011：15-17.
② 何增科. 社会管理与社会体制 [M]. 北京：中国社会出版社，2008：12.

<<< 第二章 改革开放以来的城乡社会管理体制变迁

征。① 改革开放以来,我们党一直把改革党政关系体制作为改革的一项重要内容,进行积极的探索。政府职能不断社会化,党、政、企、社四者的关系陆续得到了调整。

进入 20 世纪 80 年代,我国政府适应改革开放和社会经济发展的需要,开启了转变职能的过程,也由此拉开了政府职能社会化的序幕。所谓政府职能社会化,是政府调整公共事务管理的职能范围和履行职能的行为方式,将一部分公共职能交给社会承担并由此建立起政府与社会的互动关系以有效处理社会公共事务的过程。1987 年,我国政府明确提出行政体制改革必须以转变政府职能为核心,鲜明提出了"小政府,大社会"的口号作为改革目标。从 1988 年开始,我国政府职能转变了改革核心和重点,不断取得进展,具备了定位性、适应性、人本性、稳定性、借鉴性、渐进性等特点。② 进入 20 世纪 90 年代以后,随着社会主义市场经济体制的逐步建立和中国加入世界贸易组织(WTO),中国政府根据市场化改革的不断进展,对政府职能方面进行了改革和重整,在政府与企业、政府与市场、政府与社会、经济政策工具与政府机构改革方面成绩显著,逐渐向一个有限政府、法治政府、分权政府和有效政府转变。

我国政府职能社会化的过程具有四方面的表现:一是政府职能市场化,主要是指政府按照市场经济的基本要求转变经济管理的职能,包括政府放松或取消对市场的某些管制,促进市场的发育和发展;在公共服务领域引入市场机制,将政府的权威和市场的交换功能优势有机组合,

---

① 俞可平. 推进社会管理体制的改革创新 [N]. 学习时报, 2007-04-23 (6).
② 唐铁汉. 我国政府职能转变的成效、特点和方向 [J]. 国家行政学院学报, 2007 (2): 10-13.

借助于市场手段达到实现政府职能的目的。随着企业办社会的现象扭转，在逐步分离国有企业社会职能的过程中，也对地方政府加快社会保障体系建设提出了要求。二是增强公民自主性。在由计划经济体制向市场经济体制转轨的过程中，随着政府职能的转变，我国政府对经济和社会领域的控制逐渐放松，私人社会和私人经济拥有了越来越广阔的自主领域，公民作为个体其自主性不断增强，越来越多地担当起过去只有政府才能担当的某些角色，发挥自我管理的功能。三是拓展社会组织自治空间。随着行政管理改革的逐步深入，"政社分开"早已提上日程并成为我们日常生活中一个频率很高的概念字眼。所谓"政社分开"，就是促进实现社会各类角色的合理分化，让政府不再担当"千手观音"的全能职责，按照社会事务管理的规律，还原社会组织也就是民间组织或者"非政府组织""非营利组织"的应有社会地位，在我国建构一个多元参与的公共管理新格局。四是强化和优化社会管理职能的趋向。[①]

此外，各地方政府在社会管理体制方面的创新实践推动了中国的社会管理。近些年，我国各级政府加快了对社会管理与公共服务的改革步伐，在社会实践中创新了许多有益做法，以满足日益增长的复杂化、多样化的公共服务需求，加强社会管理。比如，从1994年始，山东烟台市就推行了社会服务承诺制，后来在我国十大窗口行业陆续铺开；成都市全面推进"创建规范化服务型政府"试点工作；2004年年初，深圳市设立行业协会服务署，将分散于各行业协会业务主管部门的职能全部集中授权行业协会服务署，取消工商类行业协会的业务主管单位，取消新设立协会到行业主管部门申请筹备和登记的程序，改由行业协会服

---

① 王乐夫，李珍刚. 论中国政府职能社会化的基本趋向 [J]. 学术研究，2002 (11)：92-97，105.

署直接承办受理并审核,并经行业协会服务署同意后,进入民政登记程序;宁波市慈溪市在2006年4月创建"和谐促进会",提倡外地人和本地人共同参与管理,从而增强外地人的归属感,矛盾随之消解,让新老居民和睦共处、共建共享,促进了新老市民融合。

四、改革开放以来城乡社会管理体制的阶段性分析

我们党历来高度重视社会管理工作,以毛泽东同志、邓小平同志、江泽民同志为核心的党的三代中央领导集体和以胡锦涛同志为总书记的党中央、以习近平同志为核心的党中央团结带领全党全国各族人民,在不同历史时期分别做了大量卓有成效的奠基性、开创性工作,初步形成中国特色社会主义社会管理体制。

纵向来看,自新中国成立70多年来,我国城乡社会管理体制的演变主要经历了五个阶段。第一个阶段从1949年到1978年,这是传统社会管理体制形成和巩固的阶段,其特征是执政党和政府是社会管理的唯一主体,依靠严密的社会控制来维持社会秩序,实现平均主义的分配,但阻碍了社会的创造活力,牺牲了个体的自由和权利。第二个阶段从1978年开始到1992年,是传统社会管理体制趋于解体阶段,其特征是高度集权的政治体制逐步为适度行政性分权的政治和行政体制所取代,政治和经济逐步分开,私人经济部门在公共部门旁边成长起来。第三个阶段从1992年党的十四大到2002年,是现代社会管理体制奠定基础阶段,其特征是社会主义市场经济体制目标正式确立,个体和私营经济较快发展,民间组织管理从定期清理走向了依法登记管理,城市社区建设提上了党和政府的议程。第四个阶段从2002年党的十六大到2012年,是现代社会管理体制自觉构建阶段,其特征是明确了社会管理的领导体制，社会体制改革正式提上党和政府的议事日程。① 第五个阶段是党的十八大以来，我国社会管理体制进入社会治理现代化阶段，积极进行以社会管理、社会治理为重要内容的社会建设方略创新。

此外，如果以"利益分化"和"社会流动"为两个重要的参照向度，我国改革开放以来的社会管理体制变迁又可划分为如下五个阶段：

第一个阶段从1978年到1984年，以恢复生产秩序、社会维稳为主要特征。在改革开放初期，政府的主要工作集中在拨乱反正，维护社会秩序，恢复经济生产。管理体制改革的重点是经济管理和行政管理。这可以从1978年到1984年的国务院《政府工作报告》中体现出来。1978年的《政府工作报告》强调，"我们要加速实现社会主义的四个现代化"，"干部要守法，群众要守法，人人都要守法。要依靠广大人民群众，加强社会治安，同各种违法犯罪行为作坚决的斗争"。1979年的《政府工作报告》有了一个转变，即"从今年起，把全国工作的着重点转移到社会主义现代化建设方面来"，但是"承认社会主义社会还有敌我矛盾和人民内部矛盾，必须严格区别和正确处理这两类矛盾，解决敌我矛盾用专政的方法，解决人民内部矛盾用民主的方法，团结—批评—团结的方法"。1980年的《政府工作报告》，也是《关于1980、1981年国民经济计划安排的报告》，几乎全是谈经济工作，对社会管理没有涉及。

1981年是有分水岭意义的一年。这年的《政府工作报告》提出了"物质文明和精神文明"两个文明，强调"我们从事社会主义现代化建设，不仅要建设高度的物质文明，而且要建设高度的精神文明。这两者是密切联系不可分离的。我们只有在建设高度的物质文明的同时，建设

---

① 何增科. 中国社会管理体制改革路线图 [M]. 北京：国家行政学院出版社，2009.

高度的社会主义精神文明，才能保证我国国民经济的持久发展，保证物质文明建设的社会主义方向"。1982年开始制定第六个五年计划，全称是《中华人民共和国国民经济和社会发展第六个五年计划（1981—1985）》，社会内容第一次进入了国家发展规划。而这一年的《政府工作报告》的内容也开始涉及教育、科学、文化事业的发展。报告提出，"不断提高全体人民受教育的程度和科技文化水平，既是保证现代化物质文明建设的重要条件，又是加强社会主义精神文明建设的重要内容。第六个五年计划安排教育、科学、文化、卫生、体育事业的经费占国家财政支出总额的百分之十五点九，其中一九八五年将达到百分之十六点八，比第五个五年计划期间的百分之十一有了较大的提高。应该承认，这方面的经费还是比较少的，但是限于财力，目前只能做到这一步。今后随着经济的发展，这方面的经费还要逐步增加"。

1983年的《政府工作报告》在继续强调教育科技文化建设的同时，首次出现了"政法工作"，指出"为了保障现代化建设的顺利进行，必须继续加强社会主义民主和法制的建设，加强政法工作，努力消除国家和社会生活中各种违法乱纪的消极现象，实现社会风气的根本好转，进一步巩固和发展安定团结的政治局面"，"加强和改革政法公安工作，实行综合治理，是实现社会治安和社会风气根本好转的基础一环"。1984年的《政府工作报告》指出，我国政权和法制建设进一步加强，社会治安情况明显好转。根据1983年9月人大常委会第二次会议通过的《关于严惩严重危害社会治安的犯罪分子的决定》，全国依法开展了打击严重刑事犯罪活动的斗争，收到很大效果，刑事案件发案率下降，既保护了广大群众的利益和安全，又教育挽救了一批失足的青少年。这场斗争，维护了法制的尊严，保障了社会的正常秩序，促进了社会风气的好转,得到全国人民的热烈拥护,取得巨大的成绩。

从以上分析,我们均可看出,在改革开放初期,政府的主要工作集中在平反、维护社会秩序,恢复经济生产方面。因此,管理体制改革的重点是经济管理和行政管理。

第二个阶段从1984年到1993年,以社会流动逐渐增加、利益问题开始突出为特征。1984年10月召开的中共十二届三中全会,通过了《中共中央关于经济体制改革的决定》(简称《决定》),《决定》第一次明确提出,社会主义经济是"在公有制基础上的有计划的商品经济",突破了把计划经济同商品经济对立起来的传统观念。1992年年初,邓小平同志南方谈话,使人们在计划与市场关系问题上的认识有了新的突破。同年10月召开党的十四大,明确提出了社会主义市场经济体制是中国经济体制改革的目标模式,遵循"效率第一,公平第二"的分配原则。由于原来控制人们身份改变的行政措施的有效性减弱甚至消失,社会成员在利益机制推动下,大量流向一些收入较高的行业,社会流动迅速增加。

随着社会主义市场经济体制的确立,各种社会生产要素开始流动,社会管理的改革任务日益紧迫。城市经济体制进行改革以来的社会分化和社会变迁,加大了处于不同类别、不同等级之中的城市间的异质性,也加大了处于同类、同级的城市间的异质性,拉大了它们在社会现代化进程中的差距。即使在同一城市中,处于不同组织(单位)中的个人,也随着单位之间的分化、社会流动的增加而拉大了收入、职业声望、社会地位和社会权力方面的差距。[①]

---

① 杨善华.家庭与婚姻[M]//李培林.中国社会.北京:社会科学文献出版社,2011:36.

第三个阶段从1993年到党的十六大,以政府职能转变为特征。在这个阶段,既有内生变量,也有外生变量,要求政府职能不断转变,推动社会管理体制的变迁。其中,内生变量是社会主义市场经济体制的初步建立,我国迈入社会转型的加速时期,人流、物流、资金流和信息流的跨区域流动加快,对社会管理体制提出新的要求。外生变量是中国加入WTO等机会窗口事件,推动中国完善社会保障体制,建立应急管理体制等社会管理体制。

首先,党的十四届三中全会明确了社会主义市场经济体制目标,进一步激发了市场和社会的活力。社会的活力主要表现就是社会中等收入阶层的成长壮大和社会组织的大量涌现,到2000年,全国社会组织数量已经达到了15.3万个。市场经济强调法治和产权,这是中等收入阶层和社会组织成长的重要土壤。同时,这一时期在农村实行的家庭联产承包责任制冲破了"三级所有、队为基础"的国家对农村的渗透与控制,打破了政府单一中心的社会管理格局;农民自发组建的村民委员会,标志着"自我治理"的开始。在城市,"单位人"开始向"社会人"转变,城市推动社区建设,标志着社区自治精神的回归。在国家与社会关系上,第三部门的兴起打破了政府单一中心的社会管理格局,弥补了政府和市场能力的不足。

在此过程中,党和国家一直在探索和完善我国社会主义市场经济体制条件下的政府职能定位。从20世纪90年代中期开始,中央到地方都开始重视社会管理体制的改革创新。1998年3月6日,时任国务院秘书长罗干在九届全国人大一次会议上作了《关于国务院机构改革方案的说明》的报告,提出"把政府职能切实转变到宏观调控、社会管理和公共服务方面来",明确地把加强社会管理作为政府职能转变的目标。

2003年，党的十六届三中全会明确提出了我国政府有四项基本职能，即经济调节、市场监管、社会管理、公共服务，社会管理和公共服务职能越来越受到政府的重视。

其次，我国于2001年12月11日正式加入WTO，这不仅提高了中国政府的国际地位，而且也有力地推动了中国国内全面的改革进程，包括中国的社会管理体制。加入WTO要求政府分离社会管理职能，大胆向社会组织分权，将政府所承担的专业性、技术性、服务性和协调性工作从政府职能中分离出去，交给社会中介组织、社会公共服务组织、社会自治组织等。此外，加入WTO后，随着非公有制经济的更快发展和劳动力就业市场化程度的进一步提高，就业领域中的雇佣关系更加清晰，有关劳资双方的矛盾更加突出，逐步上升为最主要的群体关系问题，对政府社会管理及维持社会稳定也提出了新的要求，尤其是对总量不足、保障不足的中国社会保障制度产生了正面的推动效应。

第四个阶段是自党的十六大到党的十七大，以科学发展与建设和谐社会为主要特征。在这一阶段，既有宏观形势的客观要求，也有典型案件或者机会窗口事件的发生，推动了社会管理体制的变迁。

首先，从宏观背景来看，加入WTO以来，随着信息化在中国乃至世界的迅速发展，网络社会到来，中国政府陆续对社会管理体制进行了完善，做出了部署。2003年9月，温家宝在国家行政学院省部级干部政府管理创新与电子政务专题研究班上的讲话中，对"经济调节、市场监管、社会管理和公共服务"四项职能进行阐述和界定。其中，关于政府社会管理职能，他指出：主要包括政府承担的管理和规范社会组织、协调社会矛盾、保证社会公正、维护社会秩序和稳定、保障人民群众生命财产安全等方面的职能。2003年10月9日，党的十六大则提出，要"完善政府的经济调节、市场监管、社会管理和公共服务的职能"。这是对我国社会主义市场经济条件下的政府职能的科学总结和高度概括。2004年2月21日,温家宝在省部级主要领导干部"树立和落实科学发展观"专题研究班结业式上的讲话中进一步指出:要"更加注重履行社会管理和公共服务职能,把更多的力量放在发展社会事业和解决人民生活问题上"①。

随后党的十六届四中全会和六中全会的决定,都对改革和完善社会管理体制做出了专门的论述,一致强调要不断加强社会建设和社会管理,努力推进社会管理体制的改革创新。其中,2004年9月19日,党的十六届四中全会通过《中共中央关于加强党的执政能力建设的决定》(简称《决定》),对社会管理体制改革的总体布局做出了决定。《决定》要求,"加强社会建设和管理,推进社会管理体制创新。深入研究社会管理规律,完善社会管理体系和政策法规,整合社会管理资源,建立健全党委领导、政府负责、社会协同、公众参与的社会管理格局。更新管理理念,创新管理方式,拓宽服务领域,发挥基层党组织和共产党员服务群众、凝聚人心的作用,发挥城乡基层自治组织协调利益、化解矛盾、排忧解难的作用,发挥社团、行业组织和社会中介组织提供服务、反映诉求、规范行为的作用,形成社会管理和社会服务的合力。健全社会保险、社会救助、社会福利和慈善事业相衔接的社会保障体系。加强和改进对各类社会组织的管理和监督"。

此后,社会管理成了我国管理体制改革的重点内容之一。2006年10月11日,党的十六届六中全会通过《中共中央关于构建社会主义和

---

① 李军鹏. 论中国政府社会管理的成就、问题与对策 [J]. 湖北行政学院学报, 2005 (1): 82-87.

谐社会若干重大问题的决定》（以下简称《决定》）。《决定》指出，"加强社会管理，维护社会稳定，是构建社会主义和谐社会的必然要求。必须创新社会管理体制，整合社会管理资源，提高社会管理水平，健全党委领导、政府负责、社会协同、公众参与的社会管理格局，在服务中实施管理，在管理中体现服务"。《决定》还明确指出，实现"社会管理体系更加完善，社会秩序良好"是2020年构建社会主义和谐社会所要达到的目标和完成的主要任务。2010年，党的十七届五中全会通过的《中共中央关于制定国民经济和社会发展第十二个五年规划的建议》，则进一步提出要加强社会管理能力建设，创新社会管理体制，切实维护社会和谐稳定。

其次，进入21世纪以来，SARS、禽流感、矿难等频繁发生的社会性危机事件给社会带来了许多不稳定的因素，为社会管理体制的完善增加压力，无形中形成机会窗口。一方面，"非典"的暴发变成改进政府社会管理和完善有关政策的外部动力。2003年4月至5月，我国24个省区市先后发生非典型肺炎疫情，"非典"对社会系统提出了诸多新的要求，它给我们最大的一个教训就是建立应对突发性公共事件的应急机制。2003年成为我国全面加强应急管理工作的起步之年。这年11月，国务院办公厅应急预案工作小组正式成立，以制定、修订应急预案和建立健全应急体制、机制、法制（简称"一案三制"）为核心的中国应急管理体系建设全面起步。2005年，国务院印发《国家突发公共事件总体应急预案》。截至2011年5月，我国共制定国家级应急预案144件。

另一方面，2008年5月12日14时28分04秒，四川汶川发生里氏8.0级的强力地震，社会各界积极响应，中国的志愿者及其民间公益组织以前所未有的态势参加救灾工作。据不完全统计，奔赴四川一线参与救灾的民间组织有 300 多家，而几乎所有的 NGO 都不同程度地参与全国各地的救灾工作，介入的志愿者达到 300 多万。与以往显著不同的是，NGO 普遍采取了联合行动，这种联合行动不仅有 NGO 之间的联合、NGO 与志愿者之间的联合，也有 NGO 与地方政府的合作、NGO 与企业的合作。汶川大地震后，国家陆续出台或修订了有关救灾应急方面的法律法规。我国首部针对地震灾后重建的行政法规《汶川地震灾后恢复重建条例》，在 5 天之内就起草完成并于当年 6 月 8 日颁布实施；2009 年 5 月 1 日施行的新防震减灾法针对汶川大地震的经验做法作了修订或补充，包括强调地震防灾规划、强化过渡性安置等内容；2010 年 9 月 1 日施行的《自然灾害救助条例》，对地震、洪灾、雪灾、旱灾等自然灾害救助作了全面规定。除了推动应急法律制度适时调整，汶川大地震还带来了灾害意识的变化。

自从 2003 年抗击"非典"之后，党中央国务院高度重视应急管理工作的经验和教训，部署了应急管理"一案三制"建设，即编制应对突发事件的应急预案，建立健全应急管理体制、机制和法制，全面实施我国应急管理体系建构的巨大社会工程。可以肯定地说，正是这种社会管理体制上的完善，使得 2008 年的汶川抗震救灾活动取得了巨大成绩。

第五个阶段是党的十八大以来，中央高度重视社会建设与经济发展不相适应的状况，积极进行以社会管理、社会治理为重要内容的社会建设方略创新。党的十八大报告提出"在改善民生和创新管理中加强社会建设"，强调"必须从维护最广大人民根本利益的高度，加快健全基本公共服务体系，加强和创新社会管理"。报告还指出"要围绕构建中国特色社会主义社会管理体系，加快形成党委领导、政府负责、社会协同、公众参与、法治保障的社会管理体制，加快形成政府主导、覆盖城乡、可持续的基本公共服务体系，加快形成政社分开、权责明确、依法自治的现代社会组织体制，加快形成源头治理、动态管理、应急处置相结合的社会管理机制"。

2013年11月，党的十八届三中全会召开，提出了"全面深化改革"的战略思想，把"完善和发展中国特色社会主义制度，推进国家治理体系和治理能力现代化"确定为全面深化改革的总目标，并直接提出"加快形成科学有效的社会治理体制"的任务。至此，"社会治理"取代了"社会管理"，成为党的治国理政理念升华后对社会建设提出的基本要求。

五、我国城乡社会管理体制变迁的主要特征

在传统的计划经济体制下，我国形成了全能政府，政府具有资源配置、生产调度、价格制定、消费分配等无所不包的职能，甚至管理着每一个公民的生老病死。然而在这种体制下，政府的全能职能通常是低效的，造成市场失衡、资源浪费，得不偿失，在某些公共物品的供给上存在职能不到位、失职甚至是根本的缺位。政府管了不该管的事情，而该管的又没有管好。随着计划经济体制向市场经济体制转轨，政府职能发生转变，城市化、工业化进程加快，全球化和风险社会时代到来，已经并正在引发大量社会问题，产生了许多管理的真空和盲点。[①] 在市场发展为组织经济生活的基本制度，市场经济的壮大开始改变社会结构的条件下，我国社会管理需要逐步实现现代转型，从国家对社会的单纯控

---

① 青连斌. 关于社会建设和社会管理体制创新的几个问题 [J]. 中共石家庄市委党校学报，2005 (3)：11-19.

制,转变为国家对社会既控制又保护。①

但是总体上,我国对社会治理和社会管理体制的认识和研究还很不充分,现行社会管理体制还很不科学、很不健全,党委领导、政府负责、民主协商、社会协同、公众参与、法治保障、科技支撑的社会治理体系还远未形成。具体表现为三方面:一是作为社会管理主体和基础的市民社会很不发达,市民社会对社会管理的参与程度很低,这极大地限制了更多的社会公共事务管理在市民社会自我组织和自我管理的自我治理中实现。二是有限政府的理念尚未完全确立,市场经济制度有待健全,这些相配套的制度条件已经成为政府充分履行社会管理职责的瓶颈和制约因素。三是现行社会管理体制很不科学和很不健全,表现在社会管理的制度和规则层面是我国对管理职权划分和职能配置的规定、管理对象和领域的设定以及作为管理基本依据的法律法规及政策的制定等方面都没有科学的认识和研究;表现在社会管理的组织层面是政府在社会管理体制中的一元主体地位使得政府长期垄断了所有社会公共事务,同时发挥着"掌舵"和"划桨"的双重功能,还没有形成社会公共事务多元主体共同治理的网络;表现在社会管理的机制层面是没有形成社会管理的决策机制和政策影响评估机制,没有建构起顺畅的利益表达和沟通机制、多赢互利的利益综合机制以及人民内部矛盾的化解机制和健全的社会稳定维护机制等。②

全面梳理我国40多年来的城乡社会管理体制变迁,我们发现,这

---

① 杨雪冬. 社会权利与社会治理[M]//何增科. 中国社会管理体制改革路线图. 北京:国家行政学院出版社,2009:57.

② 周红云. 中国社会管理体制改革研究初探[M]//何增科. 社会管理与社会体制. 北京:中国社会出版社,2008:50-53.

场变迁具有五个明显的特征：渐进、非均衡、开放动态、社会管理载体社区化、自上而下和自下而上相互结合。

第一，中国关于社会管理体制的建设是一个逐渐清晰的渐进式改革过程，在此过程中不断丰富其构成。中国渐进式改革的基本特点是采取先易后难、循序渐进，通过试点和"双轨制"以及微调进行体制改进、过渡的办法。这种改革方式的优点是政府比较容易控制改革的进程，把改革自上而下的战略部署与基层自下而上的创造积极性结合起来，通过试错，及时总结经验和教训，校正改革的步骤，使改革在不断深化的同时保证社会的稳定。另外一个特点是从经济领域向政治、社会和文化领域扩展和推进，就业体制、社会保障体制、收入分配体制、户籍体制、单位体制、立法体制、基层民主建设和党内民主建设、文化产业发展等的改革都在不断进行。[①] 其中的一个显著特点是城乡分化，先城市后农村。农村的社会管理形势越发突出，超过了城市的现状。比如，2001年有研究曾指出，"迄今为止对社会保障体系框架的各种设计中，基本上局限于城市，只有少量文献涉及农村。应该说，尽管经过二十多年的改革，农村的社会保障问题迄今仍然是一个被忽视的领域"[②]。

在某种程度上，中国社会管理体制的变迁具有一种倒逼机制或被动性，直到最近阶段才出现了自觉构建的特征，也就是发生了从被动到自觉的转变。在此过程中，中国出现了从社会事业到社会发展到社会建设，到社会管理，再到社会治理的理念转变和深化过程。

第二，改革开放以来，我国经济体制改革、政治体制改革和社会管

---

① 李培林. 中国社会与中国经验 [M] //李培林. 中国社会. 北京：社会科学文献出版社，2011：23.
② 赵人伟. 关于中国社会保障体制的改革思考 [J]. 经济学动态，2001（10）：39-44.

理体制改革经历了一个从非均衡走向均衡的过程,即从经济体制改革单兵突进到围绕经济体制改革政治体制,再到经济体制、政治体制、社会管理体制综合配套改革的过程。

社会管理体制改革关键在于政府职能的转变和国家与社会关系的重构。[①] 长期以来,中国的年度计划与五年计划主要是单纯的经济计划,社会管理实质是社会的经济管理。这种状况直到1986年第七个五年计划时增加"社会发展"领域才发生根本变化,社会的经济管理转变为真正的社会管理。自从改革开放以来,我国各类社会管理体制逐步实现了从单位制向社区制的转型,社会的因素在增加,如社会保障体制的变迁。同整个经济体制从计划经济向市场经济的转型相适应,我国对传统的社会保障体制迄今也进行了初步的改革,特别是1993年党的十四届三中全会《中共中央关于建立社会主义市场经济体制若干问题的决定》把社会保障体制同现代企业制度、统一的市场体系、宏观调控体系、收入分配制度并列为构筑我国社会主义市场经济框架的重要组成部分,标志着我国社会保障体制改革进入了新阶段。

此外,我国初步实现了政府与社会组织的协同管理。比如,注册会计师全国统一考试由财政部考试委员会命题,考试的组织实施则由中国注册会计师协会承担,而且该协会还负责组织对注册会计师的任职资格、注册会计师和会计师事务所的执业情况进行年度检查,其章程明确规定:"本会的宗旨是服务、监督、管理、协调。"又如在2008年汶川地震抗震救灾中,我国社会组织展现了协同工作的良好效果。在震后第二天,中国扶贫基金会(打赢脱贫攻坚战后更名为"中国乡村振兴基金会")、中国青少年发展基金会、南都公益基金会等多家公益组织

---

① 姚华平. 我国社会管理体制改革30年 [J]. 社会主义研究, 2009 (6): 86-90.

发出"中国民间组织抗震救灾行动联合声明",号召:"各民间组织和公益组织携起手来,充分发挥各自的优势和力量,与灾区群众一起共渡难关!"参与联合声明的民间组织涉及物资捐赠、环保、医疗、心理咨询和教育等各个领域。

第三,迈向开放条件下的动态管理。改革开放以来,中国社会管理体制呈现出开放条件下的动态管理。一方面,现代社会管理体制是开放型的,在开放的市场经济社会,不确定性和如何消除不确定性是社会管理者面临的主要社会问题。① 另一方面,改革开放引起中国社会总体性结构转型,社会结构由总体性社会向分化性社会转变,国家与组织(单位)关系由总体生存模式向独立生存模式转变。中国社会关系由简单化、两极化向复杂化、多极化转变,社会结构由同质化、静态化向异质化、动态化转变趋势明显。社会管理思想、原则与模式也发生了战略性转变,由静态管理转变为动态管理。②

当前,中国社会管理正处于由静态管理模式向动态管理模式转变的过程之中,静态管理模式的历史影响依然存在,动态管理模式尚未最终确立,两种社会管理模式并存共生、相互影响,而且中国社会结构变迁与社会急剧转型更加凸显了社会管理议题的核心地位。比如,社会治安管理体制是我国社会管理体制的重要组成部分,对维护社会稳定与国家的长治久安起到重要作用。随着中国改革开放的深入,中国社会治安管

---

① 刘继同. 社会主义市场经济处境与开放型社会管理模式初探 [J]. 湖南社会科学, 2004 (5): 65-70.

② 动态管理是指在社会开放、结构变迁与市场经济处境下,在开放、动态和多元化发展状态中,运用自由、民主和平等的理念与原则,采取间接手段与多种社会机制高度整合的管理方式,在社会经济发展过程中对社会实施动态监控的管理策略。参见刘继同. 由静态管理到动态管理:中国社会管理模式的战略转变 [J]. 管理世界, 2002 (10): 26-36, 50.

理体系经历由"静态治安控制模式"向"动态治安控制模式"的转变,形成了一些有效的社会治安管理体系,如群防群治体制、社会治安综合治理体制和平安建设体制等。

第四,社会管理载体社区化或基层化,社区的基础作用和载体作用突出。新中国成立后,我国在城市基层社会逐步建立了以"单位制"为主、以"街居制"为辅的基层管理体制。国家单位通过这一组织形式管理职工,通过"街居体制"来管理社会闲散人员、民政救济和社会优抚对象等,从而实现了对城市全体社会成员的控制和整合,达到社会稳定和巩固政权的目的。改革开放以后,随着我国经济转轨和社会转型,单位制逐渐被打破,单位管理模式趋于失败,街居制在基层社会管理中扮演了更重要的角色。但是街居制也由于基层社会的巨大变迁而在管理上陷入困境。随着政府转变职能的改革以及社会体制的改革,特别是由于住房的自有化、社会保障的社会化、就业和后勤服务的市场化,原来的"单位制组织"管理的范围大大缩小,社会管理的基础组织,也发生从"单位制组织"向"社区组织"的变化。[①]

1986年,民政部为推进城市社会福利工作改革,争取社会力量参与兴办社会福利事业,并将后者区别于民政部门代表国家兴办的社会福利,就另起了一个名字,称之为社区服务,由此引入社区概念。1991年,民政部为开拓民政工作又提出社区建设的概念。1998年,国务院的政府体制改革方案确定民政部在原基层政权建设司的基础上设立基层政权和社区建设司,意在推动社区建设在全国的发展。民政部首先选择在北京、上海、天津、沈阳、武汉和青岛等城市设立了26个全国社区

---

① 李培林. 中国社会与中国经验 [M] //李培林. 中国社会. 北京:社会科学文献出版社,2011:13.

建设实验区。① 自20世纪90年代中后期开始,我国大中城市掀起了社区建设热潮。2000年11月,《中共中央办公厅、国务院办公厅关于转发〈民政部关于在全国推进城市社区建设的意见〉的通知》下发,由此带来了社区建设在全国城市中展开。

"社区制"作为一种新的组织形态和管理体制而出现,一定程度上改变了传统城市基层社会管理的理念和方法,对我国城市社会的发展起到重大作用。与城市不同,长期以来,我国农村地区运行着和城市完全不同的基层社会管理体制。1949年到1958年建立的是乡(政权或行政村)体制;1958年到1983年实行的是政社合一的人民公社体制;1984年以后至今实行的是乡镇政权和村民自治相互结合的"乡政村治"体制。但是进入21世纪以后,农村也开始建设社区,社区同样成了农村基层社会管理的基本单元。② 这表明社会管理载体社区化或基层化已经成为当前中国社会管理体制的一个重要特征。

第五,中国社会管理体制的变迁是自下而上和自下而上结合的过程。首先,在社会急剧转型期,中国社会管理体制的变迁首先大都来自地方政府的创新实践推动。这些创新实践既有在宏观政策框架里的集成创新,也有突破原有政策框架的体制创新,无论哪种都推动了整个社会管理体制的变迁。这是自下而上的过程。其次,在总结地方政府的局部创新实践的基础上,国家政府从全局角度和整体视野出发提出全国性的社会管理体制改革意见和实施方案,以指导地方的社会管

---

① 何海兵. 我国城市基层社会管理体制的变迁:从单位制、街居制到社区制 [J]. 管理世界,2003(6):52-62.

② 刘铎. 基层社会管理体制改革 [M] //何增科. 中国社会管理体制改革路线图. 北京:国家行政学院出版社,2009:243-244.

理。这是自下而上的过程。比如，我国社会组织实行的双重管理体制，限制了社会组织的发展。深圳市于 2004 年开始改革社会登记管理制度，2006 年年底就实现行业协会直接登记，2008 年开始对工商经济类、社会福利类、公益慈善类社会组织实行直接登记。这种地方创新实践赢得了社会各界的赞誉，推动了其他地方的实践，并得到国家层面的认可。受深圳市创新实践的影响，2011 年年初，北京市也推出了破解社会组织登记难的新办法，工商经济类、公益慈善类、社会福利类和社会服务类四大类社会组织，可由民政部门直接申请登记，由民政部门帮助寻找、协调合适的业务主管部门。2011 年 12 月 23 日，民政部负责人在全国民政工作会议上表示，要推广广东经验，支持有条件的地方将社会组织业务主管单位改为业务指导单位，推行公益慈善、社会福利、社会服务等类社会组织直接向民政部门申请登记。[①] 这个例子很好地说明中国社会管理体制的变迁是自下而上和自上而下相互结合的过程。

---

① 魏铭言. 民政部：支持公益慈善等社会组织直接申请登记 [N]. 新京报，2011-12-24（A3）.

第三章

中国特色社会保障体制建设

社会保障体制是中国社会管理体制的重要内容，也是城乡融合发展的重点。它不仅是一个社会政策和社会问题，而且是一个经济政策和经济问题，涉及经济发展的后劲和长效机制问题。社会保障问题解决好了，中国的民生问题也就能解决好。本章结合国际社会保障体制改革趋势，对中国特色社会保障体制的建设进行讨论。

一、国际社会保障体制改革趋势

20世纪70年代以来，在一些发达国家，特别是福利国家，国家包揽的保障项目过多，导致财政负担过重，出现了所谓的"社会福利危机"（亦称之为"福利病"）。各国社会保障制度都面临着支出膨胀和效率低下等问题，因此，提高效率是共同趋势，包括社会保障制度本身的效率和国民经济总体效率。各国对社会保障体制进行了改革，其核心是对政府角色进行重新定位，重点是重新划分政府与市场的比例。[1] 概括地看，国际社会保障体制改革出现了从消极福利国家到积极"福利

---

[1] 刘诚. 各国社会保障法律制度面临的共同问题及趋势[J]. 安徽大学学报，2004(1)：41-46.

社会"的转变趋势,这种转变主要具有如下六个特征。

一是私有化。私有化也被称为民营化或私人化,其实质是将过去主要由政府提供的社会福利服务转移给私人或民间组织来提供。在这方面,以智利为代表的拉美国家比较典型。1981年,智利的社会保障体制改革建立了以个人资本化账户为基础的私营养老金计划,其特点是养老金缴费全部来自个人,资金在账户内进行积累,养老基金投资由个人做出决策,选择私营养老基金管理公司进行市场化的投资运作。在制度特点上,智利的养老金制度是一种DC型(Defined Contribution,缴费确定型)的完全积累制模式。因其特殊性和典型性意义,我们将这种养老金完全私有化的模式称为"智利模式"。进入20世纪90年代,一批拉美国家也开始纷纷效仿智利的做法,进行养老金制度的结构性变革,它们被称为拉美"第二代改革"。[①] 此外,西方国家也在尝试缩小政府对社会保障范围及项目的干预,把这些转给非政府机构来管理运作,政府只制定政策法规,最终通过法律来调控社会保障制度。这些都体现了私有化的特征。

二是法治化。社会保障制度的建设在西方国家是一个法治化过程。政府对社会保障收支和政策制定主要通过法制和行政方式来管理,依法行政贯穿于社会保障计划、执行和解决纠纷和问题的全过程。从17世纪英国的《济贫法》开始,西方国家就陆续出台了不少关于社会保障的法律法规。比如,德国19世纪中叶制定的《社会保险法》,美国1935年的罗斯福新政时期颁布的《社会保障法》。而作为福利国家的典范,北欧国家在社会保障方面的法律体系也非常健全,大到宪法,小到

---

① 郑秉文,房连泉."智利模式"流行拉美二十五年:上[N].中国劳动保障报,2006-06-01(4).

实施细则，各级政府都通过立法机构出台自己区域内的法律，作为实施社会保障政策和措施的依据。

三是多元化。社会保障的多元化是针对国民保障需求的多元化，建立多样化的社会保障模式。在美国，养老责任由政府、社会和个人等多方面共同承担。瑞士的养老保险制度也建立在由国家、企业和个人共同分担、互为补充的三支柱模式上。其中，第一支柱是由国家提供的基本养老保险，其全称为"养老、遗属和伤残保险"。第二支柱是由企业提供的"职业养老保险"。第三支柱是各种形式的个人养老保险，这是对第一和第二支柱的补充。[①] 而在20世纪90年代，世界银行曾向各国推荐"三支柱"模式。最近几年又加上来自一般税收的基本保障养老金的"零支柱"和来自个人缴费并与收入水平挂钩的"第一支柱"，从而将"三支柱"扩展到了"五支柱"[②]，即包括：（1）提供最低水平保障的非缴费型"零支柱"；（2）与本人收入水平挂钩的缴费型"第一支柱"；（3）不同形式的个人储蓄账户性质的强制性"第二支柱"；（4）灵活多样的雇主发起的自愿性"第三支柱"；（5）建立家庭成员之间或代际之间非正规保障形式的所谓"第四支柱"。这些实践表明，发达国家养老制度正迈入日趋多元化的时代。

四是社会化。社会化与多元化趋势是结合在一起的。它表明政府过去的一些福利和社会保障项目，可以转移给社会，由社会组织来提供，使社会组织成为政府在社会保障供给上的合作者。比如，德国医疗领域有大量的自发组织，包括医疗保险机构及其联合会、医疗保险签约医生

---

① 养老保障方式进入多元化时代 [N]. 上海证券报，2007-07-03（9）.
② 郑秉文. "十一五"期间建立社会保障长效机制的建议 [J]. 中国经贸导刊，2005（18）：8.

及其联合会、州议员协会等自治机构，医疗保险机构与医疗机构之间是相互合作的伙伴关系，其自主、自治特色很明显。日本在护理保险的改革上也日益看重民间力量对社会保障的贡献。[①]

五是可持续。福利国家的危机使人们认识到社会保障体制也需要可持续。这也就要求各社会保障项目之间必须能协调，水平能实现，有操作的可行性。在财务上，具体体现为支付能力。如果账户资金不足以支付需求，就必然导致体系运转困难，甚至体系瓦解。西方国家在目标模式上的探索，归根结底是为实现社会保障体系的可持续发展。

六是民主化。社会保障作为一个重要的社会机制，关乎人们的生产生活，需要大众的参与。没有民主化，社会保障项目的实施将会陷入目标群体瞄准失灵，效率下降，公平得不到维护，正义得不到实现的困境。国际社会保障领域也出现了民主化的要求。这体现在两方面：一是在重大社会保障制度或项目出台前，会通过民意渠道听取公众意见，形成最有利于公众从而得到认可的方案。在具体的社会保障法规的制定和完善过程中，公众也有积极的参与。二是在社会保障项目的实施过程中，也倡导民主，包括信息透明和参与监督。

二、中国社会保障体制改革的理念创新

与国际社会保障事业相比，中国社会保障体制还不完善，存在一些体制和机制性障碍需要通过改革和创新解决。首先，截至目前，养老金双轨制是我国现行养老保险体系中的一大特点，它区分了两种截然不同的退休保障路径。一方面，存在一个国家统一规划并强制执行的基本养

[①] 俞会新，刘东华. 21世纪西方社会保障制度改革趋势[J]. 经济纵横，2002（7）：38-39.

老保险制度，主要覆盖企业职工群体，其养老金待遇由企业和个人共同缴纳的保险费形成。另一方面，则是针对机关事业单位人员设立的退休保障机制，这部分人员的基本养老保险缴费，由单位缴纳的费用比较高，而且他们的退休待遇通常较为优厚，替代率普遍高达80%至90%，甚至在某些情况下能够达到100%的全额工资替代。其次，进城农民工是社会保障应该覆盖的一个很大群体。截至2023年年底，根据国家统计局的数据，我国农民工总数为2.96亿人，其中50岁以上占29.2%，约8643万人。而大部分高龄农民工并没有城镇职工养老金，医疗保险也非常有限。最后，私营企业、三资企业等非公企业雇员也是一个很大群体。自1998年以来，在社会保险制度扩大覆盖面的过程中，虽然有一部分雇员被纳入了社会保险，但仍有部分雇员没有纳入。①

社会保障理论研究与制度建设的当务之急是，凸显社会保障公平、共享的价值理念，明确政府的主导作用，尽快弥补社会保障制度的缺漏，促使社会保障制度尽快走向完善。在中国，各级政府应该理解并倡导如下三个理念。

一是公民权利。公民权利理论是由英国社会政策学家托马斯·H. 马歇尔（Thomas H. Marshall）提出的。他将公民权利分为三种类型：民事的、政治的和社会的权利。在西方国家，公民权利有一个渐进的发展过程。首先得以实现的是民事权利，以18世纪末、19世纪初个人的言论自由、迁徙自由已经获得了法律保障为标志，而且这种保障是以法律面前个人的充分平等为基础的。以这种公民的自由权利为基础，19世纪末、20世纪初以投票权和政治参与为标志的公民的政治权利得以实现。虽然，最初只是少数有财产的男性公民得到了这种权利，但是，作

---

① 高书生. 搭建适合国情的社会保障新平台［J］. 红旗文稿，2003（2）：13-15.

为发展的开端，选举权的范围逐步扩大，最终成为公民普遍拥有的政治权利。以公民的权利和政治的权利为基础，20世纪公民权利实现了其最终的形式，即公民的社会权利。而公民的社会权利的制度化是通过失业保险、教育和健康服务的提供等社会政策体现的。对此，马歇尔认为，以公民的社会权利为基础的社会政策，可以提高公民的福利水平，减少资本主义社会的阶级制度产生的内在的社会不平等。①

二是社会融合。在国际上，自从20世纪80年代末和20世纪90年代早期以来，公共话语经历了一个重要的转变，即从关注贫困（poverty）转向了关注社会排斥（social exclusion）与社会融合或社会包容（social inclusion）。一个正义公正的社会不会是个绝对平均的社会或者毫无城乡差别的社会，但必须是个开放的社会。也就是说，社会必须是包容性的（inclusive）而非排斥性的（exclusive）。排斥性的社会意味着在这个社会中，一个社会群体（往往是强势社会群体）的生活品质的提高或者维持一方面必须依赖于另一个社会群体（往往是弱势社会群体）的贡献，另一方面同时又排斥后者的进入，阻止后者来分享前者的生活品质。在人类历史上，这种排斥性的社会在很多国家的各个阶段都存在过。尽管人类已经进入了后现代社会，但社会的排斥性往往会通过不同形式保存下来。在中国，和谐社会的建设就是消除社会排斥，实现社会融合或者增强社会包容性的过程。②

三是治理。"治理"一词的基本含义是指在一个既定的范围内运用权威维持秩序，满足公众的需要。治理的目的是指在各种不同的制度关

---

① 杨伟民. 社会政策与公民权利 [J]. 江苏社会科学，2002（3）：39.
② 丁开杰. 和谐社会的构建：从社会排斥到社会融合 [J]. 当代世界与社会主义，2005（1）：53-57.

系中运用权力去引导、控制和规范公民的各种活动,以最大限度地增进公共利益。治理是政治国家与市民社会的合作、政府与非政府的合作、公共机构与私人机构的合作、强制与自愿的合作。治理是一个上下互动的管理过程,它主要通过合作、协商、伙伴关系、确立认同和共同的目标等方式实施对公共事务的管理。治理的实质在于建立在市场原则、公共利益和认同之上的合作。它所拥有的管理机制主要不是依靠政府的权威,而是合作网络的权威。其权力向度是多元的、相互的,而不是单一的和自上而下的。①

三、中国社会保障体制改革的发展方向

结合国际趋势和中国实际来看,在上述三种价值理念指导下,未来的中国社会保障体制改革应该是以维护和实现公民权利为价值取向,在此过程中,通过多元治理的框架来推动城乡融合发展体系的完善和实施。换言之,在可见的一段时期内,中国社会保障体制改革的目标群体就是要消除被社会保障体制排斥的群体,让所有应该被社会保障网络覆盖的群体都能得到保障,从而真正在公平、正义的价值基础上实现人民共享经济社会发展的成果。

第一,中国应该坚持公民权利路向,推动社会保障体制改革。这就要求中国确保弱势群体的社会保障权利得到维护。按照中央的精神,也就是要"广覆盖,低水平"。因为,广覆盖意味着每个公民都有享有社会保障的权利,要推动公众共享经济社会发展的成果。低水平则强调两点,一是中国的经济发展阶段水平决定我们不能搞过于慷慨的社会保

---

① 俞可平.从统治到治理[N].学习时报,2001-01-22(3).

障，只能保障居民的基本生活需求；二是西方福利国家的历史表明，过于慷慨的社会保障水平，不利于国家的可持续发展，势必陷入"福利陷阱"。西方福利国家也正在从慷慨型走向吝啬型或可持续型。

第二，多种制度安排是转型期的目标。在理论上，统一的制度安排是社会保障的内在要求，因为这样不仅便于管理，而且也很公平。但是它需要严格的条件，包括发达的经济、充足的财力、相似的需求，甚至各个地区的发展要均衡，等等。就中国而言，这些条件都是不存在的。所以，一个统一的社会保障制度安排应该是中国长远的目标，而现在必须把多种制度安排作为转型期的目标。当然，社会保障制度中的一个构成，如社会保险是可能统一的。

第三，中央政府和地方政府之间应该实现良性互动。与中央政府相比，地方政府更了解当地的实际情况。所以，许多社会保障体制的创新都来自地方政府。随着行政分权改革的进行，地方政府已经承担了主要的社会保障责任。在这种困难之下，地方政府已经进行大量的制度创新活动。但是，从顶层设计角度看，社会保障也需要中央政府的创新实践和政策制定，只有通过由上而下和自下而上的创新相互结合，才能更好地推动中国社会保障体制的完善。

四、中国特色社会保障体制的构成：五个维度

"福利国家之父"威廉·贝弗里奇（William Baveridge）在其著名的《贝弗里奇报告——社会保险和相关服务》中曾提出"贝弗里奇原则"，如保障面广泛原则、义务权利原则、强制性原则、同一标准原则、基本生活保障原则、统一管理原则、完善保障项目原则，反映了社会保障制度的一些应有属性或共有功能。① 这些原则对包括中国在内的发展中国家都具有普适性的指导意义。现代社会保障体系的功能除了传统的被动的保障功能，其发展性功能与日俱增，即社会保障体系的功能不仅限于分担个人风险和保障社会稳定，同时还应有助于促进个人发展和社会经济的进步。

由中国人民大学郑功成教授领衔的团队完成的《中国社会保障改革与发展战略：理念、目标与行动方案》② 指出，到2040年，我国将迈向中国特色社会主义福利社会，建立健全"老有所养、学有所教、病有所医、劳有所得、住有所居"的现代社会保障体系③。本书认为，要实现这个远期目标，建立中国特色社会保障体制，应该确保社会保障体制具有如下五个特征维度。

（1）体系完整。社会保障体系由多个项目构成，不同项目处于不同的层次。其中，社会保险是最高层次，社会救助是最低层次。最高层次和最低层次以及其他保障项目之间要有较好的联系，尤其要发挥作用，起到互补作用。

（2）水平适度。中国的国情决定，在经济发展水平还处在社会主义初级阶段时，中国不能也不可能实行西方国家曾经的高福利水平。中国社会保障的水平应该适度，体现在两方面：一是满足公民的基本生活需求，二是防止高福利，着重提高个人自我保障意识。

（3）法制健全。社会保障的法治化有利于公民各项社会保障权利

---

① 刘传江. 发达型社会保障制度的国际比较及启示 [J]. 经济评论, 1995 (3)：61-64.
② 该方案是208位专家教授和218位各级官员共同研究的成果。这是新中国成立后我国理论界所取得的第一份社会保障改革与发展战略报告。
③ 王延中. 加快建立健全我国现代社会保障体系 [J]. 中国发展观察, 2008 (9)：7.

得到切实的维护,也有利于各行为主体认真履行社会保障责任,推动社会保障成为经济增长和社会稳定的助推器。长远来看,中国社会保障体制必须不断健全法制,在法律指导下开展活动,有效保障公民的各项社会权利,为公民提供一种稳定的生活预期和社会秩序。

(4) 责任分担。社会保障本质上由政府主导,但并不由政府单一主体承担责任。社会保障的实施必须由国家、企业、个人、社区、家庭、市民社会组织共同来分担责任。要充分挖掘和发挥民间力量,促进形成一种便利、公平和高效的援助体系。逐步建立一种集家庭保障、社区保障、民间参与和政府社会保险为一体的具有中国特色的多层次社会保障体系。

(5) 可持续发展。我国将逐步建立起"低水平、广覆盖、可持续、严管理的社会保障体系",中国社会保障的可持续发展必须以社会保障禀赋资源为基础,同经济承载能力相协调。一方面,必须弄清中国社会保障资金的存量与增量及历史负债,采取切实措施解决代际公平问题;另一方面,又必须充分考虑社会保障禀赋资源的总量,考虑政府、企业、个人对社会保障资源供给的承受能力,考虑社会保障基金的增值对未来的影响,实现社会保障制度的财务可持续性。此外,还要降低制度的内耗成本,提高体制运转效率,从而保证社会保障体系可持续发展。

第四章

社会稳定观与我国社会治安体制改革

党的十八大以来，尤其是在党的十八届三中全会和四中全会上，以习近平同志为核心的党中央对社会治安体制改革提出了新要求、作出了新部署。本章从动态社会稳定观的视角对我国社会治安体制的变迁进行讨论，思考社会治安体制改革的路径。

一、我国社会治安体制改革的背景

改革开放以来，我国社会发生了巨大变迁，整个社会不断转型、不断优化，呈现出四个突出的变迁特征。第一个突出特征是"三重转型"。我国社会进入从农业社会向工业社会转型、从乡村社会向城市社会转型、从计划经济体制向社会主义市场经济体制转型的时期。这"三重转型"使得大量农村剩余劳动力需要从土地上解放出来进入工业部门，从农村向城市转移；使得传统的熟人社会向陌生人社会转变，社会阶层分化加快，市场意识冲击传统道德，各类社会矛盾凸显，各种新的利益诉求需要获得表达和保障，亟须创新社会治安体制。第二个突出特征是"双向流动"。改革开放以来，我国社会活力不断增强，各种要素的流动范围扩大、流动速度加快，包括劳动、资本、技术在内的各种要素需要在区域间、城乡之间进行"双向流动"。流动带来活力的同时,也带来大量"成长中的烦恼",对既有社会治安体制形成挑战。以流动人口为例,2021年,全国人口14.13亿人,其中流动人口3.85亿人。这样庞大规模的流动人口涌入城市,在补充城市劳动力市场、促进当地经济发展的同时,也带来一系列社会问题。他们不仅对基本公共服务提出了需求,也对社会治安形成了压力。第三个突出特征是"两个开放"。40多年来,我国伟大的社会主义实践不仅仅是改革,更重要的是开放,包括对内对外"两个开放"。"两个开放"极大地激发了社会发展活力,推动了社会发展。从对内来看,各种社会资源从东向西、从沿海到内地流动,提高了资源效率;从对外来看,我国加入WTO,经济高度融入全球化。全球化在提高我国企业经济效率的同时,也对国内产业造成较大的冲击,影响到社会稳定。第四个突出特征是"网络化"。从20世纪90年代开始,人类社会进入了网络社会和网络时代,互联网深刻地影响和改变了我们的经济社会生活。网络经济、网络社会、网络政治、网络文化……网络无时无刻无处不在。在短短10年间,我国就已经成为全球互联网用户最多的国家。1997年11月,中国互联网络信息中心第一次发布《中国互联网络发展状况统计报告》时,中国共有上网计算机29.9万台,上网用户数62万,网站约1500个。经过20多年的发展,截至2023年12月,中国网民规模已经高达10.92亿人,较2022年12月新增网民2480万人,互联网普及率达到了77.5%。网络社会的到来对社会管理体制提出了新挑战,诸如,网络谣言、网络诈骗、网络群体性事件等影响着社会稳定,社会变迁不断倒逼我们对社会治安体制进行改革。

二、动态可持续的社会稳定观

新中国成立以来,历届党中央领导人始终高度重视社会稳定问题,对社会稳定形成了一定的看法。在新中国成立之初,毛泽东就坚持辩证地看待稳定问题。他认为,稳定不是孤立存在的,而是同不稳定互为存在条件的;没有不稳定就没有稳定;没有稳定,就无所谓不稳定;稳定与不稳定是一对矛盾体,失去一方,另一方就不能存在。死水一潭式的稳定是一种可怕的稳定,只有稳定之中有不稳定,才能使社会得到发展,不稳定并不可怕,可以使坏事变好事。"在一定的条件下,坏的东西可以引出好的结果,好的东西也可以引出坏的结果。"① 改革开放以后,邓小平强调改革发展稳定三者的关系,坚持用发展的眼光看待稳定问题。他指出,"总结经验,稳这个字是需要的,但并不能解决一切问题。以后还用不用这个字?还得用。什么时候用,如何用,这要具体分析。但不能只是一个稳字。特别要注意,根本的一条是改革开放不能丢,坚持改革开放才能抓住时机上台阶"②。江泽民、胡锦涛同样高度重视社会稳定问题,他们分别从加强党的执政能力建设、树立"以人为本"的科学发展观、建设和谐社会等角度强调了社会稳定问题。习近平总书记早在浙江省委工作时就针对群体性事件的增加提出要用"联系""发展""辩证"的观点来抓稳定。他指出,"当前,由人民内部矛盾引发的群体性事件,已成为影响社会稳定的一个突出问题。针对这一新特点,我们要用联系的观点抓稳定,正确认识影响社会稳定的新情况、新特点,善于全面分析相互交织在一起的各种政治、经济、文化

---

① 毛泽东. 毛泽东文集:第七卷[M]. 北京:人民出版社,1999:238.
② 邓小平. 邓小平文选:第三卷[M]. 北京:人民出版社,1993:368.

的因素,妥善把握工作展开的重点、步骤、时机与力度;用发展的观点抓稳定,努力做到在经济社会的动态发展中,不断破解发展对稳定提出的新课题,不断探索做好维护稳定工作的有效方法和手段,不断建立完善维护稳定的各项工作机制;用辩证的观点抓稳定,具体分析和区别对待各种不同性质的矛盾,敏于洞察矛盾,敢于正视矛盾,勤于分析矛盾,善于化解矛盾,最大限度地减少各类矛盾对社会稳定的影响"①。

学者们对社会稳定也提出了各自有区别但又内在联系的看法。其中,代表性的观点有可持续稳定观、积极稳定观、科学的社会政治稳定观、动态稳定观四种。倡导可持续稳定观的学者认为,应该追求建立在良性的机制和健全的制度基础上健康持久的全局性稳定,强调在此过程中处理好"变与不变、小稳与大稳、低层次稳定与高层次稳定"的关系。② 倡导积极稳定观的学者认为,稳定不是"逼"出来的,而应该成为自觉行为。要善于驾驭不稳定的局面,超前化解不稳定的因素,树立动态的而不是静态的稳定观。③ 倡导"科学的社会政治稳定观"的学者,强调要摈弃传统的静止、偏颇、失衡、治乱循环的人治稳定观,坚持以人为本,动态、公正、民主、和谐、可持续的法治稳定观。④ 倡导动态稳定观的学者认为,我们现在应当追求的是动态的稳定、现代的稳定,不能再像过去那样维持一种静态的稳定、传统的稳定。传统的稳定以"堵"为主;现代的稳定则以"疏"为主。⑤ 以上代表性观点各有

---

① 习近平.之江新语[M].杭州:浙江人民出版社,2007:46.
② 李新.论新的稳定观:可持续稳定[J].中国行政管理,1996(9):34-36.
③ 刘殿民.树立新的社会稳定观 促进改革发展稳定良性互动[J].领导决策信息,2004(10):32.
④ 胡联合,胡鞍钢.科学的社会政治稳定观[J].政治学研究,2004(4):55-60.
⑤ 俞可平.动态稳定与和谐社会:访中共中央编译局副局长俞可平教授[J].中国特色社会主义研究,2006(3):25-28.

区别，侧重点不同，但内在地都追求一种动态、可持续的社会政治稳定观。

三、初步形成有效的社会治安体制

改革开放以来，我国不断推动社会治安体制改革，已经形成群防群治体制、社会治安综合治理以及平安建设体制等有效体制。

自从1952年8月公安部公布《治安保卫委员会暂行组织条例》以来，我国就形成了"治保会"一类群防群治社会治安管理形式的雏形。而在改革开放以后，我国建立治安联防队，发展专业的保安服务公司，使群防群治体制得到了完善。1988年9月，全国人大常委会颁布《全国人民代表大会常务委员会关于加强社会治安综合治理的决定》，公安部很快转发《关于新形势下加强城乡治保会工作的意见》的通知，第一次明确提出"群防群治"概念，并对进行群防群治的组织形式、工作机制作了明确定位。从那时起，"群防群治"开始成为一个具有特定内容、固定的组织形式和工作模式的较为完整的概念。根据上述决定和通知，"群防群治"是指在各级党委、政府的领导和专门机关的指导下，发挥企业事业单位和其他社团、群众组织的作用，把群众组织起来，预防和治理违法犯罪，协助公安机关维护所在地区、单位的治安秩序的一种组织形式和工作模式。

在我国，社会治安管理光靠公安机关一家是难以胜任的，必须走社会化道路，必须把社会治安综合治理和引进市场化运作机制结合起来。早在1981年5月，中央政法委员会召开北京、天津、上海、广州、武汉五大城市的座谈会，会上提出，解决社会治安问题，必须全党动员，实行综合治理。并指出，综合治理是解决社会治安问题、实现长治久安的方针。这是首次在社会治安问题上提出"综合治理"的概念。时隔10年后，到1991年3月，《全国人民代表大会常务委员会关于加强社会治安综合治理的决定》（以下简称《决定》）将"社会治安综合治理"用法律形式确定下来。《决定》第二条明确规定："社会治安综合治理必须坚持打击和防范并举，治标和治本兼顾，重在治本的方针。"此后，多个相关文件的出台使得中国社会治安管理的实践越来越向社会的有机化、联动化、综合化、整体化方向发展。

1992年10月，党的十四大提出建立社会主义市场经济。1997年9月，党的十五大提出依法治国的基本方略，使社会治安综合治理模式有了发展，开始进入以"平安建设"为特征的动态治理阶段，形成"小事不出村、大事不出镇、矛盾不上交"的浙江"枫桥经验"等有效做法，平安在法治轨道上前行。2003年，中央综治委"南昌会议"推出平安建设的经验后，平安建设在全国城镇乡村迅速开展起来。各地结合实际陆续开展了"平安社区""平安乡镇""平安大道""平安铁道线""平安校园""平安家庭""平安医院""平安油区""平安寺庙"等基层平安创建活动，全面推进平安中国建设，积小平安为大平安。2004年，在全国综合治理工作会议上，时任中央政法委书记的罗干同志明确提出，要"按照'政府引导、社会参与、市场运作、群众受益'的思路，推进社会治安工作的社会化、法制化、科技化"。

进入新时代，党的十八届三中全会在部署"创新社会治理体制"的改革任务时指出，"加强社会治安综合治理，创新立体化社会治安防控体系，依法严密防范和惩治各类违法犯罪活动"[①]。党的十八届四中

---

① 中共中央关于全面深化改革若干重大问题的决定 [N]. 人民日报，2013-11-16 (1).

全会则紧紧围绕"依法治国"的主题部署法治建设工作,在强调"健全依法维权和化解纠纷机制"时,提出"深入推进社会治安综合治理,健全落实领导责任制。完善立体化社会治安防控体系,有效防范化解管控影响社会安定的问题,保障人民生命财产安全。依法严厉打击暴力恐怖、涉黑犯罪、邪教和黄赌毒等违法犯罪活动,绝不允许其形成气候"[1]。经过四十多年的努力,我国已经初步形成有效的社会治安体制。

四、我国社会治安体制改革的重点

随着社会转型的加快,尤其是城市化和工业化进程的加快,全球化进程的深入,我国社会治安管理面临着很多挑战,社会治安体制亟待改革。

综合来看,我国社会治安体制改革的工作应该包括如下十方面的内容。

第一,加强法治建设,依法行政,为社会治安综合治理提供有力的法律保证。进一步加大整治工作力度,切实扭转混乱的治安面貌。重点整治农村和涉农群体的社会治安问题,着力稳定农村社会治安局势。[2]忽视社会公平正义是农村社会治安问题突出的原因之一。因此,解决农村的社会治安问题应当从制度入手,要从制度上保证改革发展的成果惠及广大农村居民。[3] 用足用好法律,保持对严重刑事犯罪的"严打"态

---

[1] 中共中央关于全面推进依法治国若干重大问题的决定[N].人民日报,2014-10-29(1).
[2] 王龙天.当前农村的社会治安状况分析与应对之策[J].河南公安高等专科学校学报,2008(5):9-12.
[3] 辛世俊.公平正义与农村社会治安[J].河南公安高等专科学校学报,2007(3):5-6.

势。注重办案质量,在贯彻依法从重从快"严打"方针的同时,坚持惩办与宽大相结合的基本刑事政策,做到不枉不纵、宽严相济,"稳、准、狠"地打击犯罪。

第二,进一步加大打击力度,始终保持对刑事犯罪活动的高压态势。当前推动群防群治工作需要做的工作很多,其中通过立法统一完善群防群治各项工作,加强人防和物防与技防的结合,保障经费,明确工作职责是关键。① 要有领导、有计划地建立健全各种群防群治组织,逐渐形成立体式、网络化、综合型的治安防范体系。尤其要积极引入社会化、职业化的组织、管理手段,加强平安志愿者队伍建设,拓宽经费筹集渠道,完善激励机制,建立党委和政府统一领导、专门机关指导监督的群防群治工作模式,努力提高对社会治安局势的控制。② 此外,要加快城市管理体制改革,户籍、出入境、消防、交通等公安行政管理体制改革,出台并落实更多更好的便民服务措施,既有效地维护社会秩序,又充分激发整个社会的创造活力,为经济社会发展提供优质高效的服务。

第三,构建对维护群众利益具有重大作用的制度体系,正确处理好新时期人民内部矛盾,防止人民内部矛盾激化。各级党委政府和政法机关各部门要严密防范、严厉打击境内外"三股势力"的捣乱破坏活动,高度警惕和坚决防范各种非传统安全因素对社会稳定的影响,严密防范、严厉打击各类刑事犯罪活动,认真开展矛盾纠纷的排查调处工作,认真整治群众反映强烈的突出治安问题。

第四,继续完善群防群治工作机制,紧紧依靠群众做好社会治安综

---

① 张淑平,陈玉友. 论我国当前群防群治工作 [J]. 湖北警官学院学报, 2008 (2): 82-86.
② 陈泽伟. 专访中央综治办主任:今年遏制群体事件任务艰巨 [J]. 瞭望周刊, 2009 (2): 39-41.

合治理工作。确保社会治安的和谐稳定必须有一个健全严密的社会治安防控体系作为支撑。[①] 社会治安防控体系是各种防控要素相互耦合构成的"打、防、管、控"一体化的警务工作系统。社会治安防控体系的核心主体可以分为三个层次：一是以社区防控、内部单位防控和阵地防控为主体的基础防控；二是以110指挥中心为中枢，以巡查为基本警务方式，以快速反应机制为保障的巡逻防控；三是以打击有组织犯罪、涉黑犯罪、涉毒犯罪、恐怖活动、严重暴力犯罪、经济犯罪和高科技犯罪等为主要任务的专项刑侦防控。社会治安防控体系建设应当瞄准体系建设的目标，完成下述五方面的转变：（1）由静态防控转变为动态防控；（2）由阶段性防控转变为规范性防控；（3）由粗放型防控转变为集约型防控；（4）由封闭式防控转变为开放式防控；（5）由被动防控转变为主动防控。[②] 此外，在城市化和工业化加快的转型期，尤其需要建立并完善农村社会治安防控体系，有效预防和控制农村社会治安问题的出现。

第五，进一步加大防范力度，深入推进社会治安防控体系建设。加强基层组织建设和制度建设，增强基层组织防治违法犯罪的能力，是落实综合治理的关键。要加强基层公安队伍建设，尤其是基层公安派出所的规范化建设、政治建设、业务建设，对派出所工作要实行目标责任制管理。加强对民警进行教育和培训，不断提高民警的业务素质和执法水平，努力造就一支忠诚、敏锐、严谨、务实的高素质队伍。要加强各级

---

① 丁家祥. 试论治安复杂地区社会治安防控体系构建中的几个问题 [J]. 上海公安高等专科学校学报，2007（4）：61-66，82.
② 刘文成，赵毅，章杰. 社会治安防控体系与社会公共安全 [J]. 理论与现代化，2008（1）：73-77.

社会治安综合治理的办事机构建设，实行科学的分工运作。[1] 要探索建立现代警务指挥机制，建设好以现代信息技术为基础的指挥中心，理顺指挥中心、职能部门和派出所之间的关系，充分发挥指挥中心统一指挥的作用，提高快速出警能力。要进行勤务模式改革，充分体现以警情主导警务活动，切实提高见警率、管事率，强化社会治安控制。从制度上和组织上解决好基层警力不足的问题，合理配置警力，确保基层公安工作"有人干""愿意干""能干好"。

第六，高度警惕和坚决防范非传统安全因素对社会稳定的影响。预防为主、重在治本，是实行综合治理的必然要求。坚持预防为主、重在治本，就要花大力气全面深入地认真研究和分析产生危害社会治安诸现象的各种原因和条件，特别是那些引发违法犯罪的直接原因和条件，并积极寻求消除这些原因和条件的正确途径和有效措施。要进一步健全人民调解、行政调解和司法调解相互衔接配合的大调解工作体系，加大对民间矛盾纠纷和劳动争议的排查调处力度，预防和减少"民转刑"案件的发生。此外，要妥善处理如民族、宗教问题。因为民族、宗教问题是敏感问题，稍有不慎，就可能影响稳定。要坚决贯彻党的民族、宗教政策，要把正常的民族、宗教活动和利用民族、宗教进行违法活动区别开来。

第七，进一步加大公安基层基础工作力度，探索建立警力下沉的长效机制，筑牢维护社会治安的第一道防线。[2] 经过40多年的发展，我

---

[1] 李成学，蔡文钦．邓小平新时期社会治安综合治理思想探析 [J]．四川理工学院学报（社会科学版），2006（3）：23-26，29．

[2] 关越．关于社会治安综合治理与构建和谐社会的法律思考 [J]．公安研究，2006（2）：82-85．

国社会治安综合治理在法治化方面取得了巨大成就，但是由于关于社会治安综合治理的实施并没有现成的模式可以借鉴，即便我们已经形成了比较系统的法律体系，仍然需要在立法上进一步完善对社会治安综合治理工作的保障。需要及时对 40 多年社会治安综合治理法治化进程中所颁布、制定的一系列关于综合治理的文件、政策、法律和法规等进行清理，解决好相关立法的衔接配套工作，尤其要加快制定社会治安法、保安法等法律法规。此外，在社会治安综合治理的法治化进程中，必须坚持现实性、预测性和协调性的有机统一，注重将领导责任制原则落到实处，坚持走社会化的道路，即要求在党委和政府的统一领导下，动员和依靠全社会的力量，有组织、有领导地进行多系统、多层次、多功能的综合治理。此外，还需要始终坚持预防为主、重在治本的工作目标。

第八，继续探索社区警务尤其是农村社区警务工作，加强流动人口的服务和管理工作，解决好关系民生的各种现实问题。随着城镇的发展，经济较发达城镇暂住人口在实有人口中的比例越来越大。多年来，暂住人口为当地的经济发展和城市建设做出了巨大的贡献。作为社会的一个重要组成部分，这个群体也深深影响着当地的社会治安状况。应该通过社区这个平台，进一步加强对这个群体的综合管理和服务工作。在实际中，可以采取逐步推广的方法，先选择一些条件成熟的农村派出所试点，探索推行农村社区警务的方法和措施，然后在总结经验、教训的基础上逐步推广。此外，要探索建立与城市社区管理体制、社会主义新农村建设相适应的社区和农村警务工作新机制。充分考虑我国区域和警力配备的差异性，从实际出发，建立社区和农村警务室，边远地区可设立流动警务室。当然，不能片面追求村村都设警务室，要避免出现一些农村警务室"只挂牌，不营业"的现象。

第九，加快保安工作的改革步伐，认真研究、积极探索新形势下加强和改进保安工作的新思路、新办法，推动保安行业的市场化、产业化发展。作为一个企业，保安服务公司必须建立一套与市场经济体制和现代企业制度相适应的经营、管理机制，不能依靠行政命令、行政手段去经营和管理。因此，必须加快保安工作的步伐，实现保安工作的职业化、规范化、现代化、科技化、专业化和社会化。一是加快保安服务业管办分离的步伐，按照公安部的要求，尽快实现公安机关由办保安向管保安方向转变，推动保安工作的职业化。包括改变目前流动式用工制度，以长期合同的形式稳定骨干力量，逐步解决保安骨干队员的住房、户口等问题；以建立、健全从业人员的养老、失业、医疗、职业保险，增加工资福利待遇等手段，提高保安职业凝聚力，吸纳高素质的人才，充实保安队伍；在招收使用上建立科学的管理机制和管理规范，调动从业人员的积极性，激发他们的职业荣誉感；加强和完善职业教育。二是建立健全保安法制，促进保安业规范化发展。[①] 保安行业立法迫在眉睫。要使整个行业有法可依，满足我国目前经济社会的发展和社会公众的安全需求，应尽早制定出台保安法，以法律或法规的形式保障保安从业人员工资、福利待遇及"三金"的落实。三是要实现保安管理的现代化，包括实现管理人员、管理组织、管理方法和管理手段的现代化，运用现代管理理论和先进的管理方法、技术手段实施管理。四是要推动保安经营向科技化、专业化发展，实现集团化发展和产业化发展。五是推动保安服务业向社会化发展。要根据保安服务市场出现的需求变化，及时加快保安服务结构的调整，在巩固现有保安服务市场的基础上，大力发展涉外、金融等专业保安服务，积极承担大型商业性展览展销、文

---

① 宋建国. 我国保安行业的未来发展战略 [J]. 中国保安，2003 (7): 16-19.

体活动和贵重、危险物品的押运、保管等特种保安服务，更多地承担一些非警务活动的安全保卫工作，以减轻公安机关警力不足的压力。

第十，完善社区矫正工作，广泛动员包括社区社会组织在内的社会力量参与社区矫正。社区矫正工作综合性很强，涉及公、检、法、司法行政、民政、财政、劳动保障等多个部门。需要工会、共青团、妇联等部门发挥优势。各部门应在当地党委政府的统一领导下，分工负责、各司其职、相互配合、紧密衔接。建议成立统一的社区矫正工作管理机构，加快司法体制改革的步伐，由中央到地方，自上而下地成立统一领导的社区矫正管理机构，这个部门由公、检、法、司法行政、民政、财政、劳动保障等诸部门指定人员参加，设立固定办公地点，由上述部门合署办公，便于社区矫正工作的衔接与协调。此外，要加快社区和非政府组织的培育，加强民众社会责任感，加强对司法所的人、财、物保障，加强农村的社区矫正力量。

第五章

新型城镇化建设与城乡融合发展

新型城镇化是我国城乡融合发展的重大战略部署,它有别于传统的城镇化道路,具有新的内涵、目标、动力和路径。本章从人口流动(精英流动)、依法推进新型城镇化建设、地方财政自生能力等角度对新型城镇化建设与城乡融合发展的关系进行讨论。

一、新型城镇化背景下的精英流动

改革开放以来,我国工业化和城市化进程加快,在城乡之间、区域之间出现了大规模的流动人口。2014年,国家卫生计生委(现为国家卫健委)流动人口动态监测数据显示,到2013年年底,全国流动人口的总量就达到2.45亿,超过总人口的六分之一。2021年5月11日,第七次全国人口普查结果公布,中国流动人口为3.76亿人,其中,跨省流动人口为1.25亿人。

流动人口既是社会经济的建设者和奉献者,也是社会经济活动的重要组成部分,理应得到主体性的人格尊重和主体性的地位保障,这就要求他们能够真正融入城市中去,与本地居民交融共处、利益共享、责任共担。党的十八大报告提出走中国特色新型城镇化道路,推动"以人为核心"的城镇化，将人口的城镇化作为核心和重点。① 从社会变迁的角度看，这种城镇化就是人口尤其精英群体实现社会流动的过程。

新型城镇化发展战略提出"人的城镇化"，其关键任务就是形成良性合理的人口流动机制，尤其是良性的精英群体流动机制，以实现流动人口的社会融合。我们亟须从法律与政策层面采取举措，努力构建有利于精英顺畅流动的制度环境。

（一）精英流动给社会变迁创造了可能

"精英"概念最早在17世纪时的西方是用来表示特别优秀的物品的，后来才逐渐扩展到了指称优秀的社会群体。因此，精英有广义和狭义之分。广义的精英是指人口中从年龄、技术、信息、知识等方面都具有优势的人群，而狭义的精英是指少数统治者。本书中所指的"精英"是广义的概念，包括多维度的精英。比如，从领域角度看，精英可以分为政治精英、经济精英、文化精英、技术精英等；从区域角度看，精英可以分为发达地区精英、欠发达地区精英；从城乡角度看，精英可以分为城市精英和农村精英。当然，无论哪种维度，精英都是从资源占有角度具有比较优势地位的群体。

在政治意义上最早使用"精英"概念的学者是意大利的维尔弗雷多·帕累托（Vilfredo Pareto）。他认为，精英是指"每个人类活动领域中能力最强的人"。显然，他将精英概念普遍化了。按照帕累托提出的精英循环理论，精英与底层群众之间存在循环，从而推动了社会周而复始的变迁。精英循环理论强调了精英流动的重要性和客观存在。一般而言，精英的流动有两种模式。一种模式是精英与精英间的流动，强调个

---

① 路琪，周洪霞. 人口流动视角下的城镇化分析 [J]. 宏观经济研究，2014 (12)：112-121.

<<< 第五章 新型城镇化建设与城乡融合发展

体精英之间的循环;一种模式是社会底层群众和精英层间的流动,强调的是阶层性流动。不管是精英的内部流动还是外部流动,都会存在准入和淘汰的问题,因此,精英循环给社会变迁创造了可能。而要想维持社会的均衡,就必须保证在精英和大众之间能够进行正常社会流动[①],也就是要有正常良性的流动机制,使高素质者能够进入上层而低素质者能够被淘汰出精英集团[②]。

什么是"社会流动"呢?按照美国社会学家彼蒂里姆·A.索罗金(Pitirim A. Sorokin)的定义,"社会流动"是个体或社会客体从一个社会地位向另一社会地位的任何转变。这种转变包括水平方向和垂直方向上的流动等两种最基本的形式。在水平方向上的流动通常是个体或社会客体的居住位置在空间上的变化,例如,表现为人口从农村向城市流动,从东部地区向西部地区流动。而垂直方向的流动则体现为社会阶层地位的变化,表现为从低收入群体转变为高收入群体,从农民群体转变为工商管理者群体,等等。社会流动的结果是使社会结构趋于一种新的平衡,而这种平衡的形成增强了社会结构对外部环境的适应能力。[③] 社会流动的关键是社会流动渠道的畅通程度,如果在体制机制上存在阻碍人口合理正常进行社会流动的因素,产生社会排斥,就会隐藏社会矛盾甚至激发社会矛盾,最终导致社会失序。

(二)精英的顺畅流动是实现新型城镇化健康发展的关键

精英是多层次的,包括城乡层次、区域层次、阶层层次、领域层次

---

① 许苏明,金迪.精英流动与社会制度的建构[J].唯实,2005(4):50-52.
② 邓玮.历史轨迹与当代转型:中国社会精英流动机制的理论考察[J].理论导刊,2009(2):41-44.
③ 吴信学,袁同成.农村传统型管理者与底层精英间的社会流动[J].西安欧亚学院学报,2007(1):88-90.

的精英，在新型城镇化背景下，精英流动的关键是要符合城乡融合发展和城乡一体化的需要。推进新型城镇化，只有精英实现双向或多向的流动，才能给社会带来活力。

从流动方向上看，我们可以把精英在城乡间的流动分为五类：第一类是农村剩余劳动力转移，从乡村向城市流动；第二类是城市精英参与乡村发展；第三类是农村子弟通过教育实现"跳农门"；第四类是农民工回乡创业；第五类是精英在不同区域间的流动。针对这五种不同类型的精英流动，应该有不同类型的政策支持和制度改进，以实现多层次精英的相互转化和支持。其中，最为重要的政策支持和制度改进包括如下内容。

首先，要在"以人为本"的人口管理理念指导下对流动人口政策进行调整，全面深化户籍制度改革，大力推动农民工市民化进程，不断完善流动人口在就业、就医、子女就学、社会保障等方面的公共服务，促进流动人口的社会融合。

其次，要出台更多涉农贷款政策，推行普惠金融，增加农民工创业的融资渠道。在新型城镇化下，农村精英向城市的流动不再局限在异地，而是异地和就地就近流动的结合。这意味着流动方向发生了实质性变化，不再仅仅局限在从乡村向城市的流动，也不再是"半城市化"的流动，而是完全融入城市或返乡城镇化。当前，很多有创业愿望的农民工缺乏资金，很难从银行等金融机构借贷，亟须推行普惠金融政策，帮助农民工返乡创业。

再次，要积极推动乡村振兴，利用乡村生态优势，再造农民的乡村认知，培育热爱乡村、保护乡村和守望乡村的新时代的"乡土情结"，在留住现有农村精英的同时，吸引进城的农村精英回流，重构农村精英群体。只有这样，才能够更好地建设农村，促进中国农村的长足稳定发展。[①] 21世纪以来，进城务工的农村经济精英回流，他们利用其物质上的成功所塑造的个人魅力以及丰富的社会资本，掌控村庄公共权力，继而发展成政治精英，也就是"能人治村"。这种异向的精英回流在个别范围内出现了贿选拉票甚至黑社会化等负面现象。有鉴于此，在新型城镇化建设中，一方面必须坚持贯彻执行《中华人民共和国村民委员会自治法》，发挥村规民约，加强村民的监督，培育公民参与的政治文化，克服回流经济精英掌控村庄公共权力的消极影响；另一方面，要发挥乡贤理事会等新乡贤文化载体的积极作用，吸引"跳农门"的农村精英回乡参与村庄建设，对农村进行反哺，推动乡村振兴。

最后，要进一步提高内陆地区尤其是西部地区的对外开放程度，引导贸易和外商直接投资继续向内陆转移，促使流动人口就地就近城镇化，缓解沿海地区人口过度集聚的压力。新型城镇化建设不仅要求农村精英合理地流入城市，在城市中融合进去，能"留得下、融得进、可发展"，也要求农村精英能有吸引力和动力回到乡村，带着资本、信息、技术等，促进乡村振兴。因此，应该坚持鼓励农民工返乡创业、大学生回乡就业，通过"大众创业、万众创新"实现就近就地城镇化，促进城乡资源的均衡配置。同时，也要有政策支持和发展空间，欢迎和鼓励工商资本下乡，引导城市精英依法有序地进入乡村参与开发和发展，比如，进行农村土地流转、农村产业发展、农村环境整治、农村土地规划等，使精英尤其是经济精英和知识精英、技术精英在城镇建设中发挥更大的作用。

---

① 张英魁，曲翠洁. 当前中国乡村精英社会流动的内在机制分析 [J]. 当代世界与社会主义，2014 (3)：111-116.

二、依法推进新型城镇化建设

党的十八大明确提出走中国特色新型城镇化道路，党的十八届三中全会和四中全会又分别从改革和法治两个角度对如何推进中国特色新型城镇化建设作出了顶层设计和总体部署。在全面依法治国的方略下，必须依法推进中国特色新型城镇化建设。这既是基于对国外城镇化发展经验的总结和借鉴，也是基于对我国传统城镇化道路的反思和批判而做出的判断。

（一）依法行政是发达国家城镇化健康发展的主要经验

根据政府与市场在城镇化进程中的作用，以及城镇化、工业化和经济发展的关系，通常把世界各国的城镇化主要概括为三种模式。第一种是自由放任式的美国模式，第二种是政府调控下的市场主导型的西欧模式，第三种则是受殖民地经济约束的拉美非洲模式。这三种模式在城镇化的动力、路径、内容和绩效上的表现互不相同，政府、市场、社会三者的关系也各自迥异。但是，从三种城镇化模式的成功经验和失败教训来看，依法行政都是最重要的一点。也就是说，能有效持续做到依法行政的城镇化模式往往能走上健康有序的道路，而不重视或没有发挥好依法行政的保障作用的城镇化模式往往是低效无序和高成本的。概括来看，国外城镇化发展尤其是发达国家在依法推进城镇化建设上积累了如下经验。

一是重视规划立法，坚持依法进行城镇规划和管理，推动城镇化有序开展。城镇化是一个系统工程，排在第一位的是规划，而规划只有纳入法律才是硬约束，否则规划就容易被随意修改，成为城镇发展的软约束甚至无约束。英美等国在城镇化发展中，尤其是在新城镇建设中高度重视规划立法，紧抓规划不放手。例如，美国的城镇规划法约束力极强，按照法律规定，各地方政府的规划必须通过专家论证和市民审议，而规划一经通过确定，就不能随意改变和调整。英国在第二次世界大战后相继通过《新城法》（1946年）、《城镇和乡村规划法》（1947年），在法律上要求把城乡纳入一体进行统筹规划和建设，从而推动了英国新城镇的实质性发展。日本在城镇化进程中也高度重视规划立法。1919年，日本就制定了《城市规划法》，第二次世界大战后制定实施有关国土开发和城市发展的法律近220件，其中直接推动城镇发展的法律近40件。①

二是坚持权益导向，在城镇化建设过程中通过合理的利益补偿机制和健全的社会保障体系来维护公众权益。社会保障是各国城镇化发展的最重要的制度保障。英国是建立社会保障制度较早的国家，早在1601年，伊丽莎白女王就颁布了《济贫法》。此后，在1817年和1832年，英国两次成立济贫法调查委员会，在1834年修订了《济贫法》。在20世纪初，英国政府又相继制定了《老年赡养法》（1908年）、《国民保险法》（1911年）、《失业保险法》（1920年、1935年）、《寡妇孤儿及养老年金法》（1926年）、《家庭补助法》（1945年）、《国民救济法》（1948年）等一系列法律。到20世纪中叶，英国已经形成了较为完善的社会保障体系。德国是现代社会保障制度建立最早的国家，早在19世纪就创造性地开展社会保障制度建设。自1881年颁布《社会保障法》以后，德国通过《疾病保险法》（1883年）、《工伤保险法》（1884年）以及《伤残及养老保险法》（1889年）、《职员养老保险法》（1911

---

① 解其斌，刘艳梅. 国外以法治方式推进城镇化的经验对我国的启示［J］. 理论视野，2014（4）：79-80.

年）等法律，建立了包括疾病、工伤、养老、失业等内容在内的社会保险法律制度。1969年，德国制定《农民养老金法案》，从而正式建立由社会保险、社会救济和社会服务构成的社会保障网。而日本政府通过制定和完善社会保障立法来对失地农民基本权利进行保护。一方面，日本保障新进城农民的基本生存权，赋予新进城农民平等的市民身份，使他们享有与城市居民同等的社会保障；另一方面保障新进城农民的劳动就业权利，要求企业近乎"终身"地雇用新进城农民，确保新进城的农民不会因失业而陷入困境。在城镇化期间，日本既没有发生大的社会动荡，也没有出现拉美国家那样的贫民窟。

三是针对城镇化建设和管理建立多层次多方面的法律体系，内容涵盖规划、建设、管理、生态文化、人文历史等多个领域，尤其强调对人文自然环境和历史遗存进行保护。例如，为了缓解城市过度拥挤带来的问题，英国先后制定了《公共卫生法》《环境卫生法》等法规，对城市建筑和环境卫生进行引导和管理；专门颁布了《历史建筑和古老纪念物保护法》（1953年）等法律，对历史建筑和古老遗存进行保护。在德国，《联邦德国建设法典》（2002年修订）明确提出城镇发展要遵守水、肥料、环境污染等法律法规，《联邦建设法》和《联邦建设促进法》强调对生态环境和历史遗迹进行保护。在日本，历史文化名城和景观所在地政府从20世纪60年代末开始纷纷颁布有关历史环境保护的条例，以应对经济开发热潮对古文化遗产的破坏。1975年，日本政府修改《文物保护法》，明确将历史景观地区作为国家的文化资源进行保护。

四是扩大公民的参与，适时调整修订与城镇化建设和管理相关的法律。城镇化是一个利益重新布局、分配和创造的过程。为保证这个过程顺利开展，英美等发达国家加强法治建设，将城市化进程纳入法治轨道，鼓励利益相关者积极参与决策和实践。例如，在英国，全国性城市发展战略规划、市镇地方规划及市区局部的改造建设等各个层次的规划，按照法律规定都必须有公民的参与。在德国，按照法律规定，政府在规划制定过程中必须尽早地将规划的目标、规划方案和影响等告知市民，以便及早地听取他们的意见，及时对规划进行修改。规划在正式提交市议会审议之前必须公示一个月，以便全面地听取各方的意见。[1] 此外，城乡规划法也具有相当强的时效特点，随着城市化的发展和市场经济的需求，许多发达国家的规划法在颁布后都被多次更新和修订过。例如，英国的《城乡规划法》（1947年）在第二次世界大战后的3年里先后被修订12次；联邦德国的《建设法典》（1986年）在颁布后的20年里被修订20次以上。而日本政府每隔10年左右就会针对新情况制定或修改一次城市立法，其《城市规划法》（1919年）在颁布以后的一百年里已经被修改过多次。[2]

五是注重发挥相对独立的监督机构的作用，在规划局之外成立具有法律效力的第三方机构，监督规划的执行情况以及对公众的意见进行听取和裁决。英国的政府不仅制定国家的法规政策，而且有权干预地方政府的规划编制和规划管理，可指派督察员直接受理各地的规划上诉，在当地主持规划听证会并进行相应的协调。公众若有不同意见可以向规划督察申诉、写信或当面交谈，由规划督察先进行协调，如果协调不成，再开庭审理，公众进行申辩，最后由规划督察裁决。法国为了加强对自

---

[1] 毛其智.完善城乡规划法律制度，促进城镇化健康发展［J］.小城镇建设，2007（8）：14-19，22.
[2] 胡建淼，李勇.城镇化立法的国际经验［EB/OL］.人民网，2013-05-06.

然文化遗产的保护以及对城乡规划实施的监管，设立国家建筑师驻省代表处制度，代表处是法国文化与交流部向各省的派出部门，接受文化部、建设部和环境部的业务领导。代表处直接参与市镇按程序编制、修订、审核地方规划的各项工作。①

（二）依法推进中国特色新型城镇化建设

习近平总书记提出"让居民望得见山、看得见水、记得住乡愁"②，这是新型城镇化建设的美好境界。要实现这样的境界，必须依法推进中国特色新型城镇化建设，走法治化道路。当务之急是扩大公众在城镇化建设中的参与度，完善城镇化法治体系，坚持维护农民权益，依法进行城市管理，消除行政诉讼障碍和依法加强环境污染处罚。

一是扩大公众参与，变"政府主导"的行政法治模式为"多中心治理"模式，实现善治和良法的互动。正如党的十八届四中全会指出的，法律是治国之重器，良法是善治之前提。善治内在地包含了法治的要求，只有在法治社会中才能实现善治。传统的城镇化模式以政府为主导，追求利益至上，粗放短视，容易出现"被进城""被上楼"等侵害农民权益的现象。而在中国特色新型城镇化建设中，要改变推进城镇化过程中政府作为单一主体的现象，使公众能够充分行使主体权利，就需要吸收更多利益相关群体参与城镇化建设，实现政府与公众的良性互动。尤其是在城镇规划等地方法规和决策制定过程中，通过民主协商机制吸收公众参与，规范完善城市规划决策程序，减少和约束规划部门的自由裁量权。在行政执法领域，倡导说理、沟通型的模式，通过强化行

---

① 毛其智. 完善城乡规划法律制度，促进城镇化健康发展 [J]. 小城镇建设，2007 (8)：14-19, 22.
② 习近平. 中央城镇化工作会议在北京举行 [N]. 人民日报，2013-12-15.

政执法机关的说理意识和双方对话、沟通机制，减少误解、凝聚共识，增强行政执法的合意性和可接受性。在行政救济领域，倡导多元主体参与、多种机制协同的模式，发挥行政复议的主渠道作用、行政诉讼的次渠道作用和行政调解的分流作用，推动功能互补、对接有序的多元化行政纠纷解决体系形成，增强行政纠纷化解的实效性。[①]

二是完善中国特色新型城镇化建设的法治体系。在科学立法上，要以公共利益最大化为价值取向，完善城镇化进程中的各项法律。地方立法机关和政府要对《城乡规划法》制定详尽的实施细则，建立科学完善、合理可行、规范系统的城乡规划体系，建立城市总体规划与社会经济发展规划、区域规划、土地利用规划、主体功能区规划等相关规划的衔接和协调机制。[②] 同时，随着城镇化的需要适时出台、修改相关法律法规，防止城镇化的随意性。在严格执法上，要规范执法行为，坚持执法的公平性。在拆迁过程中，要制定各方认可的拆迁补偿、安置标准，并执行到底，防止发生一些人"大闹大解决、小闹小解决、不闹不解决"的问题。此外，加强全民法制教育，提高全民的法治意识，培养全民的法治精神。

三是坚持以农民权利为核心推动中国特色新型城镇化建设。解决当代中国农民问题的核心是农民权利保障，其中尤为重要的是对农民的财产权、平等权和迁徙权进行保障。城镇化的客体是广大农民，主体也是广大农民。农民群众的参与程度、受益程度，是衡量城镇化发展水平和发展质量的重要标准。在中国特色新型城镇化的推进中，要通过立法形

[①] 刘旭. 新型城镇化推进的法治化路径[J]. 河南师范大学学报（哲学社会科学版），2013，40（6）：44-47.

[②] 章志远. 城镇化与我国行政法治发展模式转型[J]. 法学研究，2012，34（6）：16-19.

式赋予每个公民以平等的宪法权利,将农民作为平等的权利主体来对待,尊重农民的土地权益,建立合理的征地补偿和利益分享机制,以公正的司法体系保障农民在户籍、教育、就业、医疗和社会保障等领域的权益不受侵害。建立市场化的补偿标准,扩大补偿范围,完善征收补偿的财产评估程序和听证程序,并建立健全失地农民的社会救助制度。合理开发利用土地,盘活闲置房源,多渠道增加保障房供给,妥善解决居民安置问题。加快推出住房保障法,清楚界定各类保障房的法律定义、使用范围和标准,健全监管机制,强化政府职能,促进住房保障体系的公平健康发展。

四是依法实施城市管理和治理。规范政府职能部门的管理行为,并强化政府依法管理的法治意识,通过依法管理的典范来带动和提高市民素质,促进城市管理的法治化、规范化和科学化,实现城市管理和治理的法治化。[①] 坚持保存城市文化记忆,促进城市功能提升与文化文物保护相结合,加强历史文化名城名镇、历史文化街区等整体保护,在每个城市都出台相应的《历史文化风貌区和优秀历史建筑保护条例》,确保居民"望得见山、看得见水、记得住乡愁"。

五是合理界定公共利益,进行公益建设立法。城镇化建设的核心是以人为本,政府要首先考虑广大农民的公益福祉,让农民愿意成为新市民,让农民和市民享受同样的社会福利,享受同样的公共资源,建设包容性城市。尤其是在对集体土地的征收补偿上,要严格界定公共利益的范围,切实提高征收补偿标准,丰富征收补偿方式。

六是消除行政诉讼障碍。在权利的所有救济形式中,司法救济是最

---

① 刘旭. 新型城镇化推进的法治化路径 [J]. 河南师范大学学报(哲学社会科学版), 2013, 40 (6): 44-47.

有效的也是最终的救济方式。行政诉讼法被视为"民告官"的法律。必须切实贯彻独立审判原则，以保障司法公正的实现；拆迁补偿案件等因为诉讼标的较大、诉讼费用较高，农民一时难以承受，为保证其诉讼权利的实现，应给予缓、减诉讼费用的优惠，先保障立案；保证土地使用权纠纷案件可诉。此外，建立专门的保护农民权利的基层司法援助组织，调整现行的国家、省、市、县四级司法援助体系，将司法援助组织办到乡镇一级，使得司法援助组织能够更加贴近农民群众。①

七是在立法上加大环境污染的处罚力度。对环境保护执法部门实行垂直管理体制，建立环境公益诉讼制度，严格执行环境保护法律制度。在新型城镇化推进过程中，妥善处理城镇化发展与保护环境资源的关系问题，加强城市污染综合治理和生态建设，增强自然系统的生态服务功能。严格执行国家环境保护法律制度，促进城镇化的健康持续发展，建设美丽宜居的生态城市环境。

从上文讨论可见，无论是国外发达国家实现健康城镇化的经验，还是我国传统城镇化面临的困境，都凸显了依法行政的重要性和必要性。在战略高度上，党的十八届三中全会、四中全会已经为我国推进中国特色新型城镇化建设指明了方向，提出了要求。在具体的实施中，依法推进中国特色新型城镇化建设是各级政府必须恪守的行动纲领，尤其是要紧紧抓住"人"和"环境"两个关键词。就人的问题而言，必须从维护和发展人的权利角度出发，努力实现"人的城镇化"；就环境的问题而言，必须从人与自然的和谐、环境资源可持续角度出发，注意做好城镇规划，保护好自然环境和历史遗存，努力实现"望得见山、看得见

---

① 黎光宇．实现农民平等权的宪政路径探析［J］．南昌工程学院学报，2008（5）：29-33．

水、记得住乡愁"。从依法行政的层面看，当前最重要的是完善改革司法体制，增强执法人员的法律意识，提高其执法水平和执法能力，及时化解人民内部矛盾，维护好社会稳定。唯其如此，中国特色新型城镇化建设才不仅是"中国特色"的、"新型"的，而且是"健康"的。

三、地方政府财政自生能力与新型城镇化发展战略的实施

财政是国家的生命线，而财政制度是国家制度建设中极其重要的内容。作为国家治理现代化的重要任务之一，我国新型城镇化发展战略的实施有赖于一个科学的财税体制的建立。与传统城镇化道路不同，党的十八大提出实施新型城镇化发展战略，要求我们必须摒弃"土地财政"的套路①，防范土地金融的风险，提高地方财政自生能力，促进财政均等化，健康有序可持续地推动我国新型城镇化建设。

2015年以来，随着财政收入增幅放缓，我国地方财政收支压力增大，财政运转困难加剧，特别是一些收入下滑较严重的地区，收支矛盾突出，成为困扰地方发展的一个重要问题。一些研究指出，当前地方政府的财政紧缺问题，很大程度上是由财政自主性欠缺造成的。一些研究则强调财政保障能力是地方政府在运用财政资源提供公共服务时所具有的最基本的保障和支持能力。这种能力包括财政收入和财政支出两方面，前者是政府提供公共服务的物质基础和前提条件，后者则使得政府提供公共服务能力得以实现。这两种思路有一个共同点，就是将矛头都指向了中央转移支付体制，寄希望于通过中央更多的转移支付来化解地方财政危局。

---

① "土地财政"是学界对以地生财的地方政府财政收入结构的概括，通常指地方政府的财政收入主要依靠土地运作来增加收益。

第五章　新型城镇化建设与城乡融合发展

从长远看，健康的城镇化源自健康的资金，城镇化或城市化进程最终还是取决于地方的财政自生能力，也就是自生的财政资源。从"自主"到"自生"，虽然只有一字之差，但内涵差别却很大，对地方政府的治理能力也提出了更高要求。①

我国地方政府的财政自生能力的提高至少需要从如下方面着手。

首先是继续推进经济结构调整，推动产业转型，发展实体经济。财政自生能力的基点在于发展地区经济。地区经济发展了，财政实力的增强才有可靠的依托。实体经济不活，经济没有实力，地方财政始终依靠中央转移支付，通过"跑部钱进"甚至套取资金的资金模式是不可持续的。随着税收优惠政策统一由专门税收法律法规规定，加强对税收优惠特别是区域税收优惠政策的规范管理，地方政府向上争取区域税收优惠政策已经不可能，招商引资时所能利用的税收优惠政策也十分有限。这就迫使地方政府由过去依靠税收优惠和财政返还形成的"政策洼地"，转变为努力改善投资环境和政府服务水平，从而更加科学有效地招商引资，推动地方经济与地方税源的发展。此外，地方政府应科学制定产业长期发展规划，加快地区经济结构调整，转变经济增长方式，真正从科学发展观角度选择发展自己的优势产业和重点产业，使中央的产业结构调整战略转化为地方政府的自觉行动。

其次是理顺中央和地方关系，尤其是财政税收体制改革。要正确处

---

① 所谓自生能力（viability），是借用经济学家林毅夫教授的一个概念。按照林毅夫教授的解释，自生能力是指在一个开放竞争的市场中，只要有着正常的管理，就可以预期这个企业可以在没有政府或其他外力的扶持或保护的情况下获得市场上可以接受的正常利润率。虽然林毅夫教授是从新古典经济学理论的角度在研究企业运行状况时提出这个概念的，但是将自生能力的内涵附诸地方财政尤其是西部地区地方财政问题的研究中，同样有重要的意义。参见：林毅夫，刘培林．自生能力和国企改革［J］．经济研究，2001（9）：60-70．

理好央地关系，首先要明确中央和地方事权划分必须以法律为载体，以立法程序中的公开透明、民主参与取代行政决策中的讨价还价，建立与政府事权划分相匹配、与行政区划适当分离的司法管辖制度，保证事权划分有效性与司法公正性。推进各级政府事权规范化、法律化，完善不同层级政府特别是中央和地方政府的事权法律制度。要调整中央和地方政府间财政关系，进一步理顺中央和地方收入的划分，由中央财政通过税收返还方式解决地方形成的财力缺口，从而在体制机制上有效缓解现行财政体制造成的地方财政收支矛盾，保证和巩固地方财政自主权。

再次是创新财政资金管理方式，盘活财政存量资金，加快地方政府债券发行和安排，依法组织财政收入，优化财政支出结构，健全内控机制，加快支出预算执行和增加公共服务供给。财政收入水平越高并不必然意味着政府公共服务财政保障能力越高。公共服务财政保障能力作为政府供给公共服务中汲取和利用财政资源的能力，不仅取决于政府的财政收入能力，而且取决于政府财政支出能力。财政收入能力是保障能力的基础，公共服务财政支出能力则直接体现出不同政府财政对于公共服务的现实的支持和保障能力，特别是财政支出领域的选择对公共服务财政保障能力具有重要影响。政府财政支出能力对公共服务保障能力具有影响，这种支出主要指的是公共领域的支出，不论是总量提升还是结构优化都对政府公共服务财政保障能力具有重要影响。在总量既定的前提下，结构的优化就显得更为重要。应该在考虑地方财政收入水平制约的情况下，提高地方政府财政收入，优化财政支出结构，以人为本，突出基本公共服务和基础设施"两基"的建设，主要向教育、社会保障以及医疗卫生等公共支出领域倾斜。

最后是加强土地储备贷款风险管理，拓宽融资渠道，形成分层次、多元化的土地储备资金来源。建立土地储备制度是近年来我国城镇土地制度改革的一项重要内容，但在实践中由于资金缺乏这一制度的功能发挥受到很大影响。要在解决土地储备机构的资金方面开拓创新，加强土地储备贷款风险管理，拓宽融资渠道，形成分层次、多元化的土地储备资金来源。

第六章

构建包容性劳动力市场

城乡融合发展，包含经济、社会、文化各方面的协调发展，其中劳动力流动在城市和乡村的共同发展中起着助推器的作用。建立包容性劳动力市场是城乡融合发展的内在要求和客观必然。本章对构建包容性劳动力市场进行讨论。

一、体面劳动对社会治理的影响

包容性劳动力市场的构建与体面劳动的提出和倡导有关。"体面劳动"概念是1999年由国际劳工组织首先提出的，其标准定义是权利受到保护的生产型就业。也就是说，这种就业能提供充足的收入和足够的保障。对于"体面"这个概念，《辞海》有三种解释：第一，体面就是体统，代表身份。第二，看着很光彩、很荣耀。第三，体面就是好看和美丽。当然，"体面劳动"与《辞海》里的"体面"并不一一对应。在现实生活中，每个人对体面劳动的理解也不一样。比较形象的是有人说，普通工人能自己工作，解决技术难题，有成就感就是体面劳动。也有人说，工作条件好、收入高、房子大，就是体面劳动。与体面劳动相关的概念还包括体面生活和体面社会。从社会角度来说，体面劳动的目

<<< 第六章 构建包容性劳动力市场

的就是建设体面社会,也就是建设有尊严的社会。

围绕体面劳动,国际劳工组织推出了体面劳动议程,包括四方面的目标:第一是促进工作中的基本原则和权利,这是体面劳动的基础内容和先决条件。这个先决条件必须通过法律和行政来执行。劳动法里有很多规定的劳动权利,是体面劳动的先决条件,比如,人人都有受保护的权利,还有女性和男性要有平等的就业机会,等等,都有法律规定。第二是促进就业。这是一个具体的内容,从归类上来说要求有实际的资源支持。[①] 第三是促进社会保护。具体内容就是要求通过法律和行政来执行社会保护。社会保护是一个宽泛的概念,包括劳动者的健康安全、卫生保护在内。第四是促进社会对话。这个条件要求有实际的资源支持。在中国的语境里,社会对话就是指协商对话和集体谈判。自从"体面劳动"概念提出后,国际劳工组织在亚太地区还提出了体面劳动指标(Dicent Work Index,简称 DWI)。DWI 指标体系涵盖了 21 个分类指标,其中,3 个指标与工作权利有关,11 个与就业有关,3 个与社会保护有关,4 个与社会对话有关。[②]

在中国,2013 年,党的十八届三中全会提出全面深化改革的总目标是完善和发展中国特色社会主义制度,推进国家治理体系和治理能力现代化。社会治理是国家治理的核心内容,与体面劳动密切相关,体面劳动对社会治理有着多方面的影响。比如,促进工作中的基本原则和权利,就与社会公正、社会规范、社会秩序、社会稳定有关。平等就业是公民的基本权利,如果就业得不到保障,存在性别歧视,就会影响到社

---

① 朱廷珺. 体面劳动、道德贸易与劳工标准 [J]. 广东社会科学, 2004 (4): 30-31.
② Decent Work Indicators for Asia and the Pacific: A Guidebook for Policy-makers and Researcher [EB/OL]. International Labour Organization, 2008-09-20.

会公正的实现。如果就业歧视带来严重的劳动纠纷甚至矛盾，就会对社会秩序造成冲击，形成不稳定因素。又如促进就业，对社会稳定、社会需求和社会生活有影响。人们有就业的需求，你要去满足。如果不满足，他就可能游手好闲、无事生非，给社会稳定带来威胁。促进社会保护也跟社会公正、社会需求、社会秩序、社会流动有关系。比如，社会保障账户的衔接问题，如果账户不能很好衔接，就会阻碍劳动力的社会流动，必然会影响到社会治理。

二、体面劳动与发展话语的演变

在国际发展领域，贫困话语是最核心的议题。全世界面临的最大问题就是贫困。多年来，人们对贫困的认识不断在发生变化。简单梳理一下，人们对贫困的认识从经济领域深入社会、政治领域，从静态的描述向动态分析发展，主要与三个贫困概念的产生有关。最早的一个概念是绝对贫困。这个概念主要关注的是基本生存需求。从生理的角度来讲，就是对卡路里的调查。这是一种绝对的贫困，通俗地讲，就是吃不饱，穿不暖。但是这种概念后来发展成了相对贫困，也就是第二个贫困概念。与绝对贫困概念不同，相对贫困不是根据客观维持基本生存的收入水平来定义的，而是根据低收入跟其他人相比界定的，包括以他人和其他社会群体作为参照物，感觉到相对剥夺的社会心理。[①] 从中可见，这个概念有很多社会学的意义。与贫困相关的第三个概念是联合国开发计划署在1997年《人类发展报告》中提出的"人类贫困"。联合国利用这个概念制定了"人类贫困指数"（Human Poverty Index，简称HPI）。该指

---

① 郭熙保，罗知.论贫困概念的演进[J].江西社会科学，2005（11）：38-39.

数由三个指标构成,分别是生活满意度(life satisfaction)、人均预期寿命(life expectancy)以及生态消耗(ecological footprint),也有直译为"生态脚印"或"生态足迹",指该经济体的资源耗费量。HPI 被用来测定一个地方的人类贫困程度。从以上三个贫困概念的提出,可以看到贫困话语在不断演变。相应地,在过去几十年里,国际组织对减贫战略做了调整,尤其是世界银行,在各国的减贫战略的侧重点有了调整,早期在资金支持方面的投入力度大一些,而现在的支持内容更多,已经把赋权赋能这样的要素放了进去。

  在国际发展领域值得关注的第二个话语是脆弱性概念。研究者们认为贫困群体面临的困难和产生贫困的原因跟他的脆弱性有关。这个概念是从参与式社会评估方法(PRA)中发展出来的,其内涵非常广泛,不仅包括收入的脆弱,也就是收入很低、收入不稳定,还跟身体健康,以及社会排斥风险有关系。在经济学领域,脆弱性概念由英国苏塞克斯发展研究所(IDS)首先提出。IDS 从可持续生计的概念来定义脆弱性,认为应对脆弱性,必须有一系列的收入流。[①] 如果说在一两百年以前社会流动相对少,不开放,受到的风险影响少,那么,在当今风险社会,尤其是在网络社会,风险无处不在,这些风险都可能导致人们陷入贫困。因此,风险和脆弱性、贫困之间是有关系的。比如,有风险冲击到家庭,家庭脆弱性增加,就会陷入贫困。如果这时存在增强个体或家庭抵制风险能力的机制,就可以增强人们的保障能力。

  一般而言,很多人受到边缘化是因为某种程度上缺乏社会支持。如果你有很好的社会支持,即便受到很多风险的打击,你也有很好的化解

[①] 黄承伟,王小林,徐丽萍. 贫困脆弱性:概念框架和测量方法 [J]. 研究报告,2010(8):4-11.

风险的能力。从历史角度来看，传统的大家庭，比如，扩展型的家庭能起到保障的作用，就在于它可以提供支持保障。而现在的家庭大都是核心家庭，这种类型的家庭规模越来越小，一旦遇到问题，靠家庭难以实现保障，就只能向社会寻求帮助。

另外，国际劳工组织曾经区分过几类波动、冲击和危机，以反映社会经济的脆弱性。第一类是食品和饥饿。有可能就是缺吃的情景，这是一种危机。第二类是转型发展中的一种危机。典型的就是苏联解体以后，俄罗斯公民排长队购买日用品，很多人一下子没了工作，这也是一种社会经济的脆弱性。第三类是结构调整和福利国家的瓦解，还有全球化带来的风险。诸如战争、危机、SARS、埃博拉病毒等，都对人有影响。①

2000年9月，在联合国首脑会议上，189个国家签署《联合国千年宣言》，一致通过了联合国千年发展目标（MDGs）。② 这项行动计划从一开始起就有关于贫困、就业的指标，但是没有直接提体面劳动。直到2005年世界峰会上，联合国才正式宣布坚决支持公平的全球化，并决心把包括妇女年轻人在内的充分性就业和体面劳动作为相关国家和国际政策以及国家发展战略的中心目标。这是非常关键的一个时间节点。具体而言，最后达成的千年发展目标一共包括了八方面，其中目标1里面有跟体面劳动相关的内容，就是消除饥饿，也就是让所有人获得充分就业和生产型就业。在它们的操作化定义下，有四个指标可以用来反映体

---

① SAITH A. Social Protection, Decent Work and Development [R]. Geneva: International Institution of Labour Studies, 2004: 14.
② 联合国千年发展目标（MDGs）是2000年9月联合国首脑会议上由189个国家签署《联合国千年宣言》后一致通过的一项行动计划。该计划共分8项目标，旨在将全球贫困水平在2015年之前降低一半（以1990年的水平为标准）。

面劳动：第一，每雇用一个人带来的经济增长率；第二，就业人口占总人口的比例；第三，生活在1美元以下的就业人口比例；第四，自有账户劳动者与参加家庭劳动的成员在总就业人口中的比例。

三、体面劳动的三类模式

国际劳工组织的专家达拉姆·盖（Dharam Ghai）认为，体面劳动议程的四个目标是各国普遍的期望。但是由于实现这些目标的制度条件和政策框架因为各国的历史和传统、资源水平和分配、经济社会结构、发展阶段等不同而不同，为了分析方便，可以根据各国体面劳动共有的一些社会经济特征，把各国分成三类群体或者三类"体面劳动模式"。它们分别是：(1)"体面劳动的经典模式"，以工业化国家为代表；(2)"体面劳动的转型模式"，主要由从指令性经济向市场经济转变的国家构成；(3)"体面劳动的发展模式"，以发展中国家为代表。[①] 其中，每一类模式之间又有多样性，比如，发展中国家的多样性就非常突出。因此，可以将发展中国家分成"半工业化国家"和"最不发达国家"两个子类型，更有启发意义。划分这三类体面劳动模式的标准包括：工作地位、劳动力或工作人口的部门分布、劳动力加入工会和其他组织的情况，公共支出和社会保障支出占GDP的比例。此外，一些观察家认为，用经济的灵活性和劳动力市场来划分国家，也涵盖了体面劳动议程的四方面内容。其中，灵活性是指对工资、就业、工作条件和社会保障、工会和集体谈判的规制范围和程度，以及通过行政管理来进行资源配置的流行程度。政府对这些领域的管制越少，经济就越灵活。最近几十年，全世

---

① GHAI D. Decent Work: Concepts, Models and Indicators [R]. Geneva: International Institute For Labour Studies, 2002: 87.

界范围都有一种自由化、放松管制（解除规制）和私有化的过程，导致国家经济更加灵活化。其中，全球化的范围和密度增加，对这种趋势起到了重要的推动作用。①

总结来看，达拉姆·盖提出的三类体面劳动模式具有如下特征（见表6-1）。

表6-1 体面劳动的三类模式

模式	人均收入	带薪就业在总就业中的比重	总的政府支出和社会保障支出占GDP的比重
经典模式	人均收入高，但是国家间存在一定差异	高	高，变动幅度比较大
转型模式	中等收入，但是国家间差异比较大	仍然很高，但是比转型前要低一些	比以前要低一些，但是仍然相对较高
发展模式	非常大的变动幅度，从中等收入到贫困	非常大的变动幅度	有些小的例外，比较低或者微小

资料来源：GHAI D. Decent Work: Concepts, Models And Indicators [R]. Geneva: International Institute For Labour Studies, 2002: 87.

（一）体面劳动的经典模式

在经典模式的国家中，劳动力获得带薪就业的比重较高，大概在75%到90%；大部分劳动力在服务部门（一般在60%到80%）和工业部门（从10%到20%）工作；劳动者加入工会的比例相对高，一般在25%到50%，但是这个比例在过去二三十年里在大多数国家都有很大幅度的下降，部分原因在于各部门就业的变化，以及技术进步和全球化的加深。此外，在这些国家中，公共支出和社会保障支出占GDP的比重相对较高，一般占35%到45%，以及20%到30%。不过最近几年，工

---

① GHAI D. Decent Work: Concepts, Models And Indicators [R]. Geneva: International Institute For Labour Studies, 2002: 3-8.

会密度和总的公共支出和社会保障支出占GDP的比重一直在下降,因为社会保障私有化、预算压力,以及全球经济一体化加深。

（二）体面劳动的转型模式

在欧洲的转型模式国家中,尽管人均收入相对低,但带薪就业的劳动力比重较高,一般在70%到90%,主要在工业部门和服务部门工作,占比在60%到80%之间。此外,劳动力加入工会的比重也相对较高,一般在30%到50%。当然,这些比例在苏联解体和东欧剧变后有了很大的下降,还处在不稳定的状态。另外,与人均收入低相比,政府公共支出和社会公共支出的比重相对高,大多数国家分别在30%到40%,以及15%到25%。这主要是由过去的指令性经济留下来的制度特征。

（三）体面劳动的发展模式

在发展模式国家中,劳动力中的很大比重都从事"非典型"(non-typical)的工作,相当高比重的工作是自我雇佣或者是家庭成员承担的工作,或者在非正规部门中就业——在半工业化国家,这个比重在30%到50%,在最不发达的国家,比重则在40%到70%。从事农业生产的劳动力比重也相对较高,比重在20%到40%,而最不发达的国家在40%到70%。工会密度（劳动力加入工会的比重）从5%到15%发生变化,只有少数国家的工会密度相对较高。此外,政府和社会保障支出一般占GDP相对低的比重,对半工业化国家而言,分别占20%到30%,以及5%到10%,而对最不发达国家而言,分别占10%到25%,以及2%到5%。

四、中国的体面劳动实践

改革开放以来,中国在体面劳动实践方面取得了很大进步。主要表现为如下方面。

(一) 加强劳动权的维护

国际劳工组织有8个核心公约,中国批准通过了4个。这4个核心公约包括同工同酬公约、歧视的公约、最低就业年龄的公约,还有最恶劣形式的童工劳动公约。在维护劳工权利方面,从1999年到现在,中国也制定了很多法律,如中国工会法、劳动合同法,还有跟社会保障相关的社会保险费征缴办法、失业保险条例等,都是促进劳动权的法律规章。中国劳动法对平等就业、选择就业的权利等进行规定,工会法对签订合同、进行谈判等做了明确的规定。

从1999—2023年的《人力资源和社会保障事业发展统计公报》[①]来看,在2006年之前,我国劳动争议的解决途径基本上靠法律。从2006年开始,越来越强调调解的作用。所以,2006年全国的劳动争议中通过调解的案件达到了13万件,2007年增加到15万件,2008年为23.7万件。此外,从2009年开始,劳动争议的内容每一年都有不同的主题和侧重点,包括农民工维权、劳务派遣用工,还有集体合同的签订等内容。以1999—2016年的劳动争议案件处置情况为例。1999年,只有12万件左右的劳动争议。而到2016年,每年劳动争议的处置案件就达到177.1万件,翻了10多倍。可见,这个领域发生争议的案件比较多。从1999—2016年,劳动争议案件的增长趋势非常明显,最明显的是2009—2010年,可能受金融危机影响,沿海地区的劳动争议案件增长趋势非常明显。在此过程中,农民工的维权意识在增强,政府对这个问题的处理态度也变得积极。到2022年,全国各级劳动人事争议调解

---

① 2022年度人力资源和社会保障事业发展统计公报 [EB/OL]. 中华人民共和国人力资源和社会保障部官网,2022-06-20.

组织和仲裁机构共办理劳动人事争议案件316.2万件，全年办结争议案件303.3万件，结案金额为682.2亿元，调解成功率75.1%，仲裁结案率96.9%，仲裁终结率达到72.5%。

第二个数据是劳动争议涉及的劳动者数量情况。2000年涉及劳动者数量47.4万，到2022年达到了341.3万。虽然中间有几年的数据是下降的，但总体趋势是上升的，涉及的劳动者人群越来越多。因为劳动争议现在大部分是集体性的劳动争议，涉及的人群很大。还有一个集体的劳动争议案件数据。1999年，只有9043件集体的劳动争议案件。但是到最高峰——2008年已经达到22000件集体性的劳动争议。此外，值得指出，从2011年开始，集体争议慢慢减少。2011年，只有7000件集体劳动争议的案件。

除了劳动争议，还有一个特别重要的是劳动者的职业安全健康。这也是劳动者的权利，比如健康权。在职业安全健康方面，我国从1999年到现在已经制定了很多法律，对安全生产法、职业病防治法、道路交通安全法都有很多规定。2006年，还出台了用人单位职业病危害防治八条规定，国家安检总局专门设立了一个职业健康监管司。总的来讲，在职业健康安全方面，我国最近十几年已经做了大量工作，取得不少成绩。

（二）促进就业

我国实施积极就业政策，对就业的稳定起到很好作用。2008年1月1日，我国正式实施《中华人民共和国就业促进法》。到2016年，《人力资源和社会保障事业发展统计公报》的数据显示，从2012—2016年，我国城镇新增就业人数分别为1266万人、1310万人、1322万人、1312万人、1314万人，城镇登记失业率连续5年控制在4.1%以内。

2016年年底，城镇登记失业率更是达到多年来最低的4.02%，就业形势保持稳定。到2022年年底，全国就业人员7.34亿人，其中城镇就业人员4.60亿人，已经占全国就业人员比重62.6%。全国就业人员中，第一产业就业人员占24.1%，第二产业就业人员占28.8%，第三产业就业人员占47.1%。

（三）促进社会对话

社会对话在我国主要是工资的集体协商、集体合同签订。在这方面，工会已采取了很多措施，尤其是对劳动合同的管理，最近几年有很多好的做法。工资集体协商制度在我国以政府为主导，形成了政府、工会和企业三方协调的机制。在协调的过程中，主要是劳动社保部门、工会组织、企业组织派出代表，成立协调机构，对涉及的重大劳动问题进行协商，对有关劳动社会保障法规、涉及三方利益调整的最大改革方案措施提出建议。各级工会在健全集体协商制度、强化技术工人薪酬激励集体协商、构建新就业形态劳动者协商协调机制等各方面都取得明显进展。《人力资源和社会保障事业发展统计公报》的数据显示，从2005年开始，在中国的地级市以上普遍都建立了三方协调机制。到2005年年底，三方协调组织达到6600多个。2007年达到10702个，增速很快。到2013年，建立工会组织的企业工资集体协商工作率达到80%以上。到2015年7月底，29个省市一共出台了41部关于集体协商的地方性法规和政府规章。在集体合同签订方面，1999年签订集体合同的份数是19.4万，到2016年有191万份集体合同，涉及职工1.78亿人。很多跨国企业从加入WTO以后建立工会，进行工资协商。2005年，我国一共有34万家企业进行集体工资协商。截至2021年年底，全国报送人力资源社会保障部门审查并在有效期内的集体合同达到132万份，覆盖职工

1.2亿人。

（四）促进社会保护

通过改革开放40多年的发展，我国社会保障取得非常大的进步。其中一个最直接的证据是2016年中国政府获得国际社会保障协会授予的"社会保障杰出成就奖"，主要是肯定中国在社会保险扩面上取得的成果。总体来讲，在过去的"十二五""十三五"期间，中国的社会保障在参保人群覆盖面和待遇水平上都有了很大的进步。到2022年，我国全年基本养老保险、失业保险、工伤保险三项社会保险基金收入合计71583亿元，比上年增加3378亿元，增幅达到5.0%；基金支出合计66122亿元，比上年增加3435亿元，增长5.5%。到2022年年底，全国参加工伤保险人数29117万人，比上年年底增加830万人。全国新开工工程建设项目的工伤保险参保率达到了99.6%，进步十分明显。

在职业健康方面，机构体制各方面也有很大变化。从历史上看，最初的职业健康工作是当时的劳动部（现劳动和社会保障部）主要的业务，1998年才交给了卫生部（现国家卫生健康委员会）。2003年又转到了国家安全生产总局（现中华人民共和国应急管理部）。国家安全生产总局一开始有一个职能处室，后来升格为一个司，专门抓职业健康安全。现在，安全生产和职业健康实行一体化监管。因为保障了安全生产，就能保障职业健康；不能安全生产，则必然影响职业健康。

在制度建设上，中国地方政府的创新实践很重要，像浙江省杭州市专门有一个关于职业病、职业健康的监管措施，出台了部门联席会议制度，开展尘毒危害专项治理。2016年，杭州的2259家企业有31万人次接受了职业健康监护，被监护人数比2015年增加37.1%。从这个角度来看，杭州市的职业健康得到很大的重视，职业健康意识有了明显提高。

当然，在取得这些成绩的同时，我们也要看到体面劳动存在赤字。与国际上讲财政赤字一样，如果跟国际劳工组织的标准和一些发达国家的水平来比，中国的体面劳动还存在赤字。这个赤字由四方面缺口构成，包括就业方面的缺口，也就是有失业，有就业不足；权利的缺口，也就是还存在一些正当权利被剥夺，有就业歧视；社会保护方面的缺口，比如，我们只有一两亿人有工伤保险；还有社会对话缺口，就是我们的集体协商效果到底如何是需要巩固的，不是说所有的集体协商都有效。这些都构成了体面劳动的赤字。

具体来看：第一，在劳动权维护上的赤字，也就是还部分存在强迫劳动，比如，拐卖儿童行骗行窃的事情在一些地方是存在的。第二，社会保障覆盖面尽管取得了那么多成绩，但是社保转移续接还不顺畅，待遇差别很大。第三，社会对话的质量还有待提高，存在四个不愿意谈的情况，即企业不愿意谈、职工不敢谈、代表不会谈、工会组织不健全不能谈。总的来讲，怎么能让集体协商形成三方都有利的局面，保障职工权益，提高企业效率，保持社会稳定公正，仍然有难度。第四，就业质量的问题。中国积极性就业不仅是数量的问题，还有就业质量的问题。特别是大学生和新生代农民工的就业质量问题非常突出。针对以上劳动赤字，建立包容性劳动力市场是促进城乡融合发展的必要选择。

五、建立包容性劳动力市场

2015年，联合国大会第七十届会议通过《2030年可持续发展议程》，提出了体面劳动和包容性增长的关系问题，认为增长如果没有让穷人受惠，这种增长就是不包容性的。进入新时代以来，习近平总书记也多次强调包容性发展，特别是在2014年7月29日中央政治局会议上，总书记强调，"发展必须是遵循经济规律的科学发展，必须是遵循自然规律的可持续发展，必须是遵循社会规律的包容性发展"①。在就业方面实现包容性发展，内在地要求建设一个包容性劳动力市场。这个更加社会融合的劳动力市场或者说包容性劳动力市场强调存在被排斥风险的群体，要为被排斥群体提供发展空间，预防他们受到劳动伤害、损耗和患病的困扰。

（一）包容性劳动力市场与中国体面劳动的完善

2001年，世界银行在分享式增长课题中提出"有利于穷人的增长"（Pro-Poor Growth）的概念，并以此制定减贫战略以及指导各国相关实践。"有利于穷人的增长"理念强调要形成一种使穷人能参与经济增长并从中获益，以及增加自身人力资本投资的良性循环机制。② 该概念的提出引发了世界范围内大量学者对发展中国家的经济增长以及贫困问题进行广泛讨论，成果极为丰富。亚洲开发银行和世界银行在"有利于穷人的增长"基础上，先后提出了"包容性增长（inclusive growth）"和"包容性发展（inclusive development）"的理念。③ 这些新理念与中国新发展理念，特别是共享发展理念有一脉相承的地方，对中国社会建设与体面劳动的完善也有很大的启发意义。

1."包容性增长"与"包容性发展"

虽然"包容性增长"和"包容性发展"理念源于"有利于穷人的

---

① 习近平主持中共中央政治局会议 决定召开十八届四中全会——讨论研究当前经济形势和下半年经济工作［EB/OL］.人民网，2014-07-30.
② 胡永和."有利于穷人的增长"与中国城镇反贫困［J］.海南大学学报（人文社会科学版），2009，27（4）：395-399.
③ 亚洲开发银行和世界银行的研究者们对"包容性增长"或"包容性发展"，实际上并没有形成比较共识性的概念。但是通常都认为"包容性增长"是"拥有平等机会的增长"，这种增长具有经济、社会和制度等维度。

增长",但明显超越了它,因为"有利于穷人的增长"尽管也涉及贫困人口的人力资本和能力,但仍然主要侧重于收入不平等,并没有对权利贫困理论所强调的社会排斥以及权利缺失予以足够的重视。"包容性"反映了对公民权利的强调和对社会排斥问题的重视,强调贫困人口不应因为其个人背景的差异而受到歧视,不应被排除在经济增长进程之外。"包容性增长"所倡导的机会平等就是强调贫困人口应享有与他人一致的社会经济和政治权利,在参与经济增长、为增长做出贡献、合理分享增长的成果方面不会面临能力的缺失、体制的障碍以及社会的歧视。[①]

根据"包容性增长"的定义,增长可能是有利于穷人但并非包容的,比如,增长可能降低贫困却增加了不平等。从发展话语的演变中,我们已经知道,发展概念是区别于增长概念的,"发展"概念把对收入单一的考虑扩大到了对其他福利向度的考虑,尤其是对教育和医疗等的关注。因此,比"包容性增长"更进一步的是"包容性发展","包容性发展"指随着人们平均收入的增加,在教育、医疗等福利向度的分配也得到了改善。要实现"包容性增长"和"包容性发展",必须综合性地加强一系列措施,包括:(1)推动有效和可持续的经济增长;(2)确保一定的政治参与空间;(3)强调能力建设和提供社会安全网。[②]

2. 包容性劳动力市场

在包容性发展战略下,劳动力市场措施和社会融合措施的结合,是获得平等参与劳动力市场的重要途径。积极劳动力市场政策(Active Labor Market Policies,简称 ALMPs)就是包容性发展战略的一个重要政

[①] 蔡荣鑫. "包容性增长"理念的形成及其政策内涵 [J]. 经济学家, 2009 (1): 102-103.
[②] RAUNIYAR G P, KANBUR R. Inclusive Development: Two Papers on Conceptualization, Application, and the ADB Perspective [D]. Ithaca: Cornell University, 2010: 26.

策工具。无论是在发达国家，还是在发展中国家，积极劳动力市场政策（ALMPs）都被证明在（如通过保留工作）防止裁员、提高就业能力（培训）、创造就业机会上是成功的。为了使劳动力市场更具包容性，欧洲国家提出了建立包容性劳动力市场的战略（Inclusive Labour Market）。其中，丹麦的灵活保障模式（flexicurity）有效地平衡了灵活性和保障性两者的关系，创造了充满包容性的劳动力市场。欧洲社会伙伴关系把包容性的劳动力市场看作推动经济发展和社会凝聚的基础，认为包容性的劳动力市场是一种充分利用新的就业机会，比如，利用经济的"绿化"而带来就业机会的方式。根据爱尔兰的国家经济与社会发展办公室（National Economic and Social Development Office）的观点，一个包容性的劳动力市场战略应该包括十个要素（表6-2）：全覆盖、信息、指导和咨询、个人支持、教育和培训、倡导、监控、工作经历、在职支持、在职培训。

表6-2 包容性劳动力市场战略的关键要素

	要素	内容
1	全覆盖（outreach）	必须有机制能确保所有脆弱群体被覆盖，并且这些脆弱群体了解他们能够获得的选择
2	信息	有综合和准确的信息帮助人们在完全了解自己的选择项的情况下做出选择——从用户的角度出发，而不是基于供给者的角度
3	指导和咨询	指导和咨询对于个人也是重要的，可以帮助个人做出信息充分的选择，做好从依靠福利到工作的转型计划。指导和咨询应该基于对好的个体性诊断工具和本地劳动力市场信息的综合运用
4	个人支持	必须强调导致个人处境的最困难的因素，把它纳入个人的劳动力市场融合（labour market inclusion）计划里。必须有机制能在灵活供给的基础上识别出个人的需要，并对这些需要做出反应

续表

	要素	内容
5	教育和培训	教育和培训的供给应该有明确的结果和进度安排。提供教育和培训的结果与质量足以吸引人参加
6	倡导	代表脆弱群体进行的倡导应该强调雇主的行为、雇主的偏好和偏见
7	监控	监控能够对可持续地参与培训和就业起到支持作用，它必须根据个体的特别环境进行专门的安排
8	工作经历	工作经历能够帮助个体获得经验，向雇主证明他们的能力
9	在职支持（In-work）	在职支持对没有或者很少有工作经验或期望的脆弱群体尤其重要。也包括从经济上给予支持
10	在职培训	在职培训能够帮助技能较低的劳动者更好地融入劳动力市场。对不稳定就业而言，需要有机制能够帮助人们提高其劳动力市场地位

资料来源：NESDO. Creating a More Inclusive Labour Market [R]. National Economic & Social Development Office，2006：54.

建立遵循社会规律的包容性发展社会，在劳动领域的体现就是建立和谐劳动关系，维护劳动者合法权益。为完善体面劳动、消除体面赤字，应强调综合治理，充分发挥社会伙伴关系和社会对话机制，尤其是发挥社区在体面劳动方面的作用。还有就业政策和就业战略要具有包容性，把就业和社会保护结合起来，实现就业数量和就业质量的平衡。具体而言，建立包容性劳动力市场需要做好如下工作：第一，要增强法律法规的建设和执行，包括劳动合同法、就业促进法。第二，在积极就业政策方面，强调就业质量、数量并重，实现劳动力市场灵活性和保障性的有机结合。把两者有机结合起来，不仅解决就业数量的问题，还使就业能够有保障。第三，消除城乡壁垒，优化劳动力资源配置，建立城乡一体化劳动力市场，发挥好数量型、质量型两型人口红利。归根结底就是全面提升劳动力的素质。一方面，强化当地劳动力的能力，提高他们的素质，比如，开展集中的技能培训。另一方面，把外面已掌握技能和富有经验的人吸引回来，充分挖掘质量型的人口红利。第四，提高协商对话的质量和效果，构建和谐劳动关系。第五，加强企业社会责任建设，提高企业维护劳动者权益的意识。在国际劳工组织的实践过程中也有其他的一些做法，像美国的一些NGO提出SA8000，也就是社会责任标准，和这个相关的还有社会条款、社会倾销这样的讨论。在所有国家里，中国通过的SA8000是排在靠前的，有一年排在第一，后来降到了第三。企业社会责任就是劳动者有尊严的生活、体面的工作。第六，进一步完善社会保障制度，推动户籍制度改革，促进劳动力的有序流动。第七，要完善公共就业服务体系，强化职业培训，提高劳动者的就业能力。

第七章

农民工社会服务的第三方供给

随着我国工业化和城市化进程的推进,人口开始在城乡间流动,城市中出现了2亿多的农民工群体,他们为经济的增长和产出的提高做出了重要贡献。社会组织是社会治理的重要参与者,在为农民工服务方面开展了大量工作,做出了积极贡献。本章对发挥社会组织服务农民工的作用进行讨论。

一、我国社会组织服务农民工的作用

从20世纪80年代中期以来,随着我国经济体制改革的不断推进,城市第二、三产业迅猛发展,城市劳动力凸显紧张,出现了大量"进厂不进城,离土不离乡"的农民工。2004年,全国总工会会同国家统计局进行的全国第五次职工队伍状况调查显示,到2003年年底,我国第二、三产业吸纳的劳动力已经达到37886万人,其中,国有和集体单位的职工为6621万人和950万人,仅占吸纳劳动力的20%,而余下的30315万人全是农民工,占了80%。[①] 从1986年到2006年的二十年间,

---

① 夏小林. 经济增长的背后:解读浙江省的劳动关系、协调机制和宏观背景 [J]. 经济研究参考, 2004 (44): 2-28.

农民工为国内生产总值增长的贡献高达16%。①《2022年农民工监测调查报告》显示，2022年全国农民工总量29562万人，比上年增加311万人，增长1.1%。其中，本地农民工12372万人，比上年增加293万人，增长2.4%；外出农民工17190万人，比上年增加18万人，增长0.1%。2022年年底，在城镇居住的进城农民工已经达到13256万人。②

最近二十多年，党中央、国务院高度重视农民工问题，相继制定了一系列保障农民工权益和改善农民工就业环境的政策措施。其中，2002、2003年《国务院关于取消第一批行政审批项目的决定》以及《国务院办公厅关于做好农民进城务工就业管理和服务工作的通知》要求，各地区、各有关部门取消对企业使用农民工的行政审批，取消对农民进城务工就业的职业工种限制，不得干涉企业自主合法使用农民工，要严格审核、清理农民进城务工就业的手续。2004年2月9日，中共中央、国务院正式发布"一号文件"《关于促进农民增加收入若干政策的意见》，为农民工的社会地位及市场主体化道路指明了政策性方向。2006年1月18日，国务院正式出台《国务院关于解决农民工问题的若干意见》，切实解决农民工面临的突出问题，有序推进农民工市民化。

全国各地各部门在农民工问题上出台不少措施，已经取得明显成效。但是不可否认，我国农民工市民化仍面临不少问题。面对我国全面增长和深刻变化的公共需求，政府不可能也没有必要对社会性公共服务和社会事务实行全方位的直接管理，相当部分的群众性、社会性和公益性的社会公共服务职能，应该也可能从政府职能中分离出来，实现多元

---

① 孟娜. 中国20年城乡间劳动力流动对GDP增长贡献达16% [EB/OL]. 新华网，2006-06-10.
② 2022年农民工监测调查报告 [EB/OL]. 环球网，2023-04-28.

社会主体参与公共服务的供给。① 社会组织能疏解体制转型过程中的一种社会合法性危机，也会填补公共服务的空缺，为整个社会的平稳、和谐、科学发展创造条件和提供有利契机。②

二、服务农民工的社会组织发展

改革开放以来，随着社会主义市场经济和民主政治的发展，各种各样的社会组织在中国大量涌现，一个相对独立的市民社会迅速崛起，对社会的政治经济生活发生日益深刻的影响。党的十八大以来，以习近平同志为核心的党中央高度重视社会组织工作，作出一系列重要指示批示，出台一系列重要改革举措，颁布一系列基础性法律法规，明确一系列重大顶层制度设计，推动社会组织改革发展迈入新时代。截至2022年年底，全国在民政部门登记的各级各类社会组织89.2万家，包括社会团体37.1万家、社会服务机构51.2万家、基金会9316家。各类社会组织广泛活跃在我国经济社会发展的各个领域，对促进经济社会协调发展、推动社会和谐稳定、巩固党的执政基础发挥积极作用，已成为我国社会主义现代化建设的重要力量。

社会组织成为新的公共服务提供者，也成为政策倡导者和社会治理的重要参与者。不少社会组织从20世纪80年代中期以来就进入农民工服务领域，开展为农民工服务的工作。目前，对全国范围内服务农民工的社会组织的数量还缺乏准确的数字。但是据有关学者估算，开展活动涉及农民工的社会组织大概占全部登记社会组织的30%，也即10多万

---

① 迟福林．政府转型与民间组织发展［J］．发展，2006（1）：13-15．
② 金锦萍：把社会组织看作是一个诤友［N］．经济观察报，2011-03-21（46）．

家，这些组织以社团、民非、基金会的形式存在。而以服务农民工为主要业务活动内容的社会组织则相对较少，大约为几千家，且主要分布在沿海地区农民工输入较多的省市，如广东、浙江和北京、上海等大城市，中西部农民工输出大省也有一些地方党委、政府或工、青、妇组织发起成立了一些为农民工或农民工子女服务的社会组织。从趋势来看，越来越多的社会组织进入农民工服务领域，是近年来社会组织组织发展与活动拓展过程中的一个典型现象。

总体上，我国服务农民工的社会组织主要包括三个部分：一个部分是开展面向农民工的服务项目的社会组织；一个部分是专门为农民工服务的社会组织，通常被称为"农民工 NGO"；一个部分是工会、妇联、青年组织、红十字会等人民团体。

（一）农民工社会组织的定义和特征

农民工社会组织是指非政府的、非营利的、自主管理的、具有一定志愿性质的、致力于解决各种农民工问题的社会组织。它是随着改革而产生的游离于体制外的新型社会组织，以维护和救助农民工切实权益为目的，由具有共同志愿的人组成，直接并主要为农民工及其家庭提供服务。这类组织除了具有 NGO 的一般特征，还具有民间性、直接性和针对性等特征。所谓民间性是指这类组织是自下而上生长出来的草根组织，即不是由政府主持成立的，而是民间社会自发成立的。直接性是指这类组织直接为农民工提供培训、咨询、维权、娱乐等服务，不包括间接服务于农民工的组织，如一些研究机构、政策倡导组织等。针对性是指这类组织主要为农民工及其家庭提供服务，不包括部分工作涉及这类群体的组织。

（二）农民工社会组织的主要类型

不同研究根据农民工非政府组织的不同特点，对这些新型社会组织进行了不同的分类。比如，有研究以成立形式为标准，将农民工社会组织分为自发型与外生型；有研究以服务对象为标准，将农民工社会组织分为普遍型与特殊型。所谓普遍型是指服务对象不区分性别、职业、身份与来源地的组织；特殊型组织则区分服务对象的性别、职业、身份等；有研究认为农民工社会组织的服务内容一般包括权益维护、培训咨询、援助服务与文娱交流等，相应地把这些组织分为维权型、培训型、援助型与文娱型非政府组织。也有研究根据我国与农民工相关的公益组织在运作模式和发展情况方面的不同将其分为两类，即慈善公益型组织、压力维权型组织。其中，慈善公益型组织是我国非政府组织的重要组成部分，这类组织的特点是提供公益服务，帮助弱势群体，多数在民政部门注册成立；压力维权型组织主要是致力于维护农民工权益的非政府组织，包括学术机构的专家维权组织、民间土生土长形成的维权组织。[①]

以上分类比较粗略，很多农民工非政府组织在具体活动内容上实际上并不只有一方面，而是具有综合性的特点。按照组织功能和组织性质，我们可以把农民工 NGO 的主要类型分为六类：第一类是维护所在群体利益的农民工自发组织；第二类是接收资助的专家咨询组织，主要进行法律咨询，为农民工开展法律知识普及讲座等；第三类是境外 NGO 的分部；第四类是非营利性的维权服务部，一般进行工商登记但不从事登记范围内的经营活动，而是代农民工进行法律诉讼活动；第五

---

① 林凌辉. 农民工公益组织浅析及建议 [J]. 学会, 2011 (1)：37-40.

类是官方推动下成立的 NGO 为农民工服务的组织；第六类是结构和活动相对较松散的同乡会、打工者俱乐部等各式各样带有互助性质的民间维权组织。①

（三）农民工社会组织的发展过程

自从 20 世纪 90 年代中期开始出现一些针对保护和扶助农民工的民间组织以来，中国的农民工社会组织经历了两个阶段的发展。第一个阶段是从 1996 年到 1999 年，该阶段的特点是农民工非政府组织开始成立而且得到关注。一些资助机构、政策推促组织、研究者、社会活动人士等在农民工问题上投入了大量人力物力，使农民工问题在一定程度上成为公众话题。在 20 世纪 90 年代中期，虽然某些地方政府仍将规范农民工的流动作为主要的政策导向，但是一些国际组织以及国内一些研究及政策人员却开始关注与帮助农民工。同时，农民工群体自身也在利用各种社会资源来降低外出的风险，自助互助，保护自己的权益。这样，两种内外力量一起推动了农民工社会组织的出现与发展。② 具体的节点性事件主要包括：1996 年 4 月，《农家女百事通》杂志社设立了"打工妹之家"，这是我国第一家为女性农民工服务的非政府组织。同年，专门为女工提供服务的香港"女性联网"与深圳南山区总工会合作成立了"南山区女职工服务中心"。之后，农民工非政府组织开始成立并得到关注，出现了由农民工自发成立的 NGO。1998 年 8 月，广东"番禺打工族文书处理服务部"成立。

第二个阶段是从 2000 年开始农民工非政府组织进入快速发展的阶

---

① 姜涛，孙玉娟. 论中国非政府组织（NGO）对农民工维权的影响与制约 [J]. 中国发展，2008（2）：79-84.
② 占少华，韩嘉玲. 中国的农民工非政府组织：经验与挑战 [EB/OL]. 投稿网，2006-05-19.

段，目前仍处于发展中。总体来看，这一时期我国农民工社会组织的发展路径主要存在自上而下和自下而上两种形式。其中，后一种形式越来越多。相对于国内兴起的商会、环保、教育和扶贫的非政府组织，农民工非政府组织是在政府、社会对农民工问题更加重视，调整了以往限制农民进城政策的形势下，在珠江三角洲和北京等地陆续出现的。它们主要是一些研究农民工问题和提供具体服务的组织。深圳当代社会观察研究所（2001）、东莞达县民众劳工权益服务部（2002）、深圳打工者职业安全健康中心（2003）、中山大学妇女与性别研究中心法律援助部（2003）、深圳外来工协会（2004）、广州安康职业安全服务部（2004）、女工关怀（2004）、深圳外来工互助会（2005）、深圳小小鸟打工互助热线（2005）、深圳爱心之家（2006）等服务农民工的社会组织，大都是2000年以后成立的。

（四）农民工社会组织的地域分布特征

从地域来看，农民工非政府组织主要零星分布于北京、上海和珠江三角洲等农民工聚居的城市和地区。在2010年左右，广东省有3000多万农民工（包括1000多万本省内流动农民工，2000万跨省流动农民工），约占全国的12%，绝大部分集中在珠三角，是全国吸纳农民工最多的省份。[①] 同时，珠三角农民工大多从事五金、建筑、纺织等行业。从2002年开始，珠江三角洲专门为农民工免费维权的NGO进入蓬勃发展阶段，在2002年到2003年一年间新成立的此类NGO就达到10多个。从各种可掌握的资料看，到2006年，这类组织的数量估计已经达到了30至50个。

---

① 张艳玲. 广东省放开本省农民工有条件入户城镇 [EB/OL]. 财新网，2010-06-08.

（五）农民工社会组织的职能定位

由于农民工社会组织自身具有的特点和功能，它们实际上承担了政府应该提供的一部分公共产品和一些不能提供的公共产品，能够满足农民工多样化的需求。比如，为农民工就业提供服务，对农民工群体进行法制培训，提高他们的维权意识和维权能力。

一项对浙江省农民工民间组织进行的研究，把这些组织大致分为三类，其一是服务型组织。这类组织以解决劳资纠纷、开展法律维权、生活服务等为主要目标，是浙江省农民工民间组织的主体，包括私营企业工会、农民工子弟学校、农民工医院、农民工维权团体等。并且，这类组织大部分经政府主管部门登记注册。其二是管理型组织。这类组织以配合当地政府加强城市管理、计划生育、生活治安、劳动就业等为目标，官方色彩较浓。这类管理型组织大都挂靠在相关政府部门，承担部分政府公共管理和服务职能，在降低行政成本、联结服务农民工方面发挥重要作用。其三是联谊型组织。这类组织以加强联系、增进友谊、丰富业余生活为主要目标，通过联谊寻求社会心理支持，此类组织普遍未经登记注册，多以地下、半公开的形式开展活动。农民工以地缘、亲缘关系为纽带自发建立的各类"同乡会""老乡会"以及打工者艺术团等均属于此类。在上述三类农民工民间组织中，服务型组织数量最多，发展最快。[①]

三、中国社会组织服务农民工的成就与问题

在城乡二元经济社会体制下，由于社会网络的缺失，由国家建立起

[①] 张超. 社会和谐治理与农民工民间组织的培育：基于浙江省的分析 [J]. 湖北省社会主义学院学报，2010（1）：71-74.

来的正式社会支持系统无法满足外来农民工的需求,这为非政府组织参与流动农民工子女的教育支持提供了机遇。建立为农民工服务的非政府组织或志愿组织,对维护中国农民工的权益,为农民工提供公共服务起到巨大作用。一是为农民工表达意愿提供渠道,有利于农民工表达利益诉求。二是有利于建立完善的农民工社会保障体系。第三部门可凭借其特殊的社会地位和良性的机构运行机制,汇聚各种社会资源,通过建立互助式保障,保障农民工在需要时得到一定的救助,对现有社会保障体系形成有益的补充。三是有利于缓解农民工的就业压力。社会组织开展的社会活动除了需要专业人员,还应该有熟悉基层、熟悉组织服务对象的群体参与。因此,它们在开展社会活动时通常会吸纳大量具有同质性特征的农民工,从而为失业农民工再就业提供了新的就业渠道。四是有利于为农民工提供法律援助。五是有利于形成平等互助、热心公益的社会氛围。[①] 六是有利于为农民工子女提供教育等方面的社会支持。

无论是相对于西方成熟的市民社会,还是相对于国内如火如荼的环保、扶贫等组织,到21世纪初的头十年,国内的农民工社会组织尚处于"婴儿期"。一方面,由于社团过高的登记准入门槛和农民工NGO的特殊服务对象和性质,农民工社会组织几乎都没有在民政部门登记注册,大都以不合法的形式存在和运行,属于典型的草根NGO。另一方面,无论是组织数量、活动资金、雇佣人员,还是资源动员能力与服务的人数、规模,农民工社会组织都比较小。一般来说,它们的正式工作人员不到10人,每年能动员的资金大都在50万元以下,直接受益的人

---

① 冯铭. 非营利组织与我国农民工权益维护 [J]. 社会科学家, 2007 (S1): 35-36, 38.

数多的有几千人，少的只有几百人。① 此外，在组织结构上，除了少数组织设有理事会进行决策，大多数农民工社会组织都由包括负责人在内的核心成员共同决策。整体而言，这些组织的内部治理能力不足、组织基础薄弱。以广东省的农民工社会组织为例，农民工社会组织呈现出自发产生为主、绝大多数被严重边缘化、在活动领域和方式上具有同质性、活动资金主要源于境外援助、普遍缺乏人才、绩效水平高、以积极作用为主等特征。

总体上，中国的农民工社会组织发展有较好的宏观鼓励制度环境，但是微观制度环境制约了它们的发展，一些制度环境和政策还没有得到切实的执行。② 分类来看，开展面向农民工的服务项目的社会组织主要面临资金短缺、内部治理结构不完善、公信力不高等问题。而专门为农民工服务的社会组织整体发展十分脆弱，其生存和发展受到来自体制内外的多重制约，在为农民工群体提供服务方面，组织的作用还未得到充分发挥。一方面有来自外部环境的制度、文化、经济和法律的制约；另一方面，也面临着作为"草根"组织所特有的资源匮乏和公信力不够等内部困境。此外，在现有社会环境、资源和制度条件下，非政府组织的发展也受政府政策、农民工的权益意识、维权主动性、非政府组织自身能力建设和发展稳定性等方面因素的制约。③

四、有序加强社会组织服务农民工的作用

加强社会组织服务农民工的作用，需要政府从多方面采取措施。

---

① 高立娜. 论非政府组织在维护农民工权益中的作用 [D]. 广州：暨南大学，2006.
② 张源. 广东省珠三角农民民间组织发展研究 [D]. 武汉：华中农业大学，2008.
③ 高立娜. 论非政府组织在维护农民工权益中的作用 [D]. 广州：暨南大学，2006.

第一,加强服务型政府建设,转变政府职能,处理好政府与社会组织的关系。国外非政府组织在处理与政府的关系时大致有四种情况:与政府对立,唱对台戏;依赖于政府,成为政府的附属机构;各行其是,不与政府发生任何关系;与政府合作成为政府的合作伙伴。第四种情况在国外正成为一种新的实践。当前,我国进入以政府转型为重点的改革攻坚阶段,政府转型与民间组织发展互为前提、相互促进,同样也需要政府转变对社会组织的态度,明确界定政府与社会组织各自的职能范围,形成二者在公共服务和社会管理中的合力,即建立政府与社会组织间的伙伴关系。

第二,改革双重管理体制,分类分地区建立直接登记制,将业务主管单位和登记管理部门的双重管理变成登记管理主管机关的一元制。目前,我国法律框架只承认经过合法登记的组织,导致实践中很多未经登记就活动的组织被看成非法组织。如果登记程序简化,有章可循的话,社会力量就会便捷地获得登记。同时,对于未经登记开展活动的社会组织也不要一概认定为非法组织,而是要根据其行为是否违法做出判断。参照日本对非营利组织进行分类管理的模式,对专业性强的非营利组织可以指定相关的业务管理单位以方便管理。对于一般的社会团体则由民政部社会组织管理局专门负责登记管理。这样既打破了双重管理体制的束缚,又可以加强监管的效果,同时为非营利组织发展提供更为广阔的空间。

第三,完善政府购买服务机制,开辟社会组织的多元筹资渠道。美国约翰斯·霍普金斯大学在对42个国家进行的非营利组织国际比较研究项目的结果显示,非营利组织的收入来源结构中,政府的资助占了40%左右。这说明政府的财政支持对非营利组织的发展是必不可少的。

目前，中国政府的财政汲取能力有所加强，政府可以在进一步加强汲取能力的同时，加大对社会组织的扶持力度。首先，今后应该将一些职能延伸出来赋予 NGO，然后采用国外普遍使用的政府采购、特许经营、资金补贴等方式向社会组织购买服务，扶持草根民间组织的发展。其次，创新财政资助方式，采取市场化竞争方式，招募全社会具备承接政府公共服务资质且有意愿从事公益事业的社会组织"竞标"，根据公平竞争原则，对社会组织的服务能力进行评估，最终达到政府出钱、社会组织办事、百姓受益的目标。此外，对于海外基金会的捐助，要在法律和政策许可范围内进行。与企业、其他慈善机构和民间组织保持联系，利用其业务的公益性来申请政府支持的同时争取企业、民间组织的赞助和捐赠。

第四，完善相关配套措施的改革，为非营利组织的健康发展创造良好的外部环境。首先，在政府职能转变过程中，政府应把以前所控制的社会管理职能逐步转交给社会组织，充分发挥社会组织在社会管理中的作用。其次，完善社会组织的税收优惠制度。税收政策是调控社会组织发展的重要手段，也是鼓励公益事业发展的重要激励机制。政府要完善税收优惠法规，对向社会组织捐款的组织和个人进行税收优惠，将社会组织的税收法律纳入整个税收系统中。最后，在员工培训、工资福利、医疗保险和养老保险等各项制度上给予政策上的有力扶持，帮助社会组织建立自身的人力资源管理体系和相关的制度规范，对专职工作人员和志愿者的工资、福利保障等方面做出相应的规定，切实保障社会组织工作人员的利益，增强社会组织的活力。

第五，改善法律政策环境。完善的政策法规环境是推动非营利组织健康发展的重要因素之一。日本、韩国等国家的非营利组织在 20 世纪

90年代中期兴起，都是以法律政策环境的改变为转折点的。解决中国草根民间组织的合法性困境问题，首先应该转变政府对民间组织管理的指导思想，从"控制管理型"向"培育发展型"转变。其次是从重登记注册向重过程控制转型，加强制度供给和法律保障。在我国有必要出台一部社会组织法，以立法的形式确立社会组织的社会地位，明确政府与社会组织的关系是一种平等合作的关系，使我国社会组织沿着法治化的轨道向前发展。要以"社会组织法"为主，形成系统和配套的民间组织法律体系，依法降低农民工社会组织的登记准入门槛，使其发展合法化，确保其运作的透明化。

第六，加强对农民工社会组织的有效监管，尤其是作为跨国NGO分部的组织，将农民工社会组织纳入合法、合理的发展路径。对农民工社会组织的扶植和监管要同时进行，除了培育扶持，有效监管也要到位。为了将农民工社会组织纳入合理、合法的发展路径上，政府首先应该构建合理的整体性制度安排，鼓励出现多种多样地解决问题和提高服务的安排，各级政府必须尽快将农民工社会组织纳入社区管理范围，积极发展农民工社会组织。其次是对各类农民工社会组织的组织资格进行认真审查认定，监督农民工社会组织的运行。对出现的不符合社会需要、不符合政府意图的农民工社会组织，政府一定要通过制定严格的法规，逐个审查，清理整顿。[①]

第七，大力加强社会工作人才队伍建设，建设农民工非政府组织志愿者网络，服务农民工群体。中国的NGO人才匮乏，靠单个的精英人物支撑的NGO向职业NGO方向发展还有很长的路，人才的聚集很重

---

① 赵国勇.参与与发展：公共治理中的农民工自组织研究[D].武汉：华中师范大学，2007.

要，尤其是农民工 NGO。应该继续加大社会工作人才培养的力度，完善社会工作人才的使用机制，加强农民工社会组织的人力资源管理。

第八，通过社会组织评估等方法，完善社会组织治理结构，促进社会组织自身的能力建设。首先，加强对农民工 NGO 工作人员的培训和自身能力建设，提高其社会责任感、认同感和公信力。其次，积极从农民工中招收工作人员与志愿者，以保持这些组织中人员的稳定性，提升其人力资本。此外，要求农民工社会组织活动、资金运作和组织建设透明，积极接受社会监督和评估。在保持组织独立性的同时，积极与新闻媒体合作，扩大组织知名度和影响力，获取更多的社会认同和资金支持。同时，给予非营利组织充分的自治权，让他们通过民主程序选举组织的主要管理人员，赋予其领导者足够的管理控制权，完善内部管理机制，加强农民工社会组织的能力建设。

第九，坚持需求导向，发挥社区的载体作用，培育发展融入性的社区社会组织。一方面，各级政府应结合实际，在农民工居住较多的社区，以社区为依托，以服务农民工为核心，积极培育发展由农民工自发组织、自愿参加、自我管理、自我服务的社区社会组织。另一方面，政府要将大量的社会服务资源下沉到基层、到一线，提高公共服务的可及性，比如，从硬件建设、人员配备、资金保障等方面尽快充实社区活动中心，建立图书室、电脑室、培训部等，等于在农民工身边建起一个个触手可及的"公共服务站"，可以根据农民工的实际需求来配置资源，这样才能建立长效机制并发挥更好的效益。

第十，充分发挥工会等枢纽型社会组织维护农民工权益的作用，督促企业切实履行社会责任。首先，要以非公有制企业、农民工集中地区和行业企业为重点，大力推进工会组建工作，广泛吸纳农民工参加工会。用人单位要依法保障农民工参加工会的权利。各级工会要以劳动合同、劳动工资、劳动条件和职业安全卫生为重点，督促用人单位履行法律法规规定的义务，切实发挥工会作为农民工的维权组织、维权代表的作用，要利用自身条件为农民工办实事，为困难农民工提供帮扶服务。其次，要充分发挥共青团、妇联、工会等枢纽型社会组织在农民工维权工作中的作用，尤其是服务"新生代农民工"的作用。此外，政府要倡导新闻媒体积极发挥舆论导向的作用，大力宣传维护农民工权益的先进用人单位，及时曝光严重侵犯农民工合法权益的事件和用人单位，督促企业切实履行社会责任。

第八章

流动人口参与基层社会治理

改革开放以来，我国经济社会持续发展，为人口的迁移流动创造了条件，人口流动趋势更加明显，流动人口规模进一步扩大。流动人口群体怎样参与基层社会治理，是城乡融合发展的重要内容，直接关系到基层社会的活力激发与秩序维护。本章从城乡资源要素双向流动角度对流动人口参与基层社会治理进行讨论。

一、我国城乡间的人口大迁移大流动：基本格局和结构性变化特征

在我国，流动人口通常是指"人户分离"人口，即户口所在地与居住地不在同一地方，且离开户口所在地超过半年的人口。以1984年10月13日国务院发布的《关于农民进入集镇落户问题的通知》为标志，我国人口流动逐步放开，流动人口规模长期快速增长，在城乡之间形成大迁移大流动的基本格局。1982年，我国流动人口规模只有670万人，1987年增加到1800万人，此后，流动人口规模不断扩大。进入20世纪90年代，随着社会主义市场经济的发展，人口流动趋势更加明显，流动人口规模进一步扩大，到2000年，我国流动人口规模已经达到1.21亿人。第七次全国人口普查数据显示，到2020年，全国人户分离的人口达到了4.93亿人，约占总人口的35%。① 与2010年相比，人户分离人口增长88.52%，市辖区内人户分离人口增长为192.66%，流动人口增长69.73%。到2023年，中国一年完成全社会跨区域人员流动量612.5亿人次，同比增长30.9%。"高流动性"迁徙中国已经形成，实现了向大规模、全方位、多层次、多元化的全员迁移流动的转变。②

从流动方向来看，我国的人口流动主要包括三种类型：乡—城流动、城—城流动、城—乡流动，特别是以前两种为主。其中，乡—城流动主要是从土地上解放出来的农业剩余劳动力向城市流动，城—城流动的人口主要是由地区间经济发展水平、就业机会以及高水平教育、医疗设施的差距引发的人口从中西部地区的城市向东部沿海城市流动。

从年龄结构来看，我国人口流动的主体是劳动年龄人口，流动人口中16至59岁的人口比重不断增加，1982年时的占比为53.3%，到2015年就已经增加到84.1%，增幅十分明显。③

在大迁移大流动的基本格局下，我国流动人口呈现出两个长期性特征和三个新特征。从长期性特征看，一方面，流动人口以乡—城流动为主。2020年，从乡村流向城镇的人口为2.49亿人，比2010年增加了1.06亿人，占流动人口的66.3%，乡—城流动人口依然是流动人口的主力军。另一方面，流动人口主要持续地向沿江、沿海地区和内地城区集聚，长三角、珠三角、成渝城市群等主要城市群的人口增长较迅速，集聚度在加大。新特征体现在三方面，一是在跨省流动继续增加的同

---

① 国家统计局. 第七次全国人口普查公报（第七号）[EB/OL]. 国家统计局网站，2021-05-11.
② 段成荣，吕利丹，王涵. 从乡土中国到迁徙中国：再论中国人口迁移转变 [J]. 人口研究，2020（1）.
③ 国家卫生健康委员会. 中国流动人口发展报告2018 [M]. 北京：中国人口出版社，2018：4.

时,省内流动的人口数量不断增加,特别是就近就地城镇化的人口越来越多。二是随着东部产业向中西部转移,中西部经济快速发展,部分进城务工人员回乡就业创业,人口流动出现了回流。例如,湖南全省许多县乡出现的"妈妈回家热",是外出人员持续回流的一个标志性动向。①三是随着工商资本下乡和农村土地流转的推动,城—乡流动人口在不断增加。

此外,改革开放40多年来,我国流动人口结构已经出现明显的群体性差异和代际更替,对人口迁移政策提出了新要求,丰富了流动人口参与基层社会治理的内涵。

一是流动人口居住长期化和家庭化。随着社会变迁,越来越多的流动人口由过去分散的"单身外出"方式逐渐转变为"举家迁徙",家庭化流动趋势明显。截至2017年,流动人口的家庭户平均规模保持在2.5人以上,2人及以上的流动人口家庭户已经占81.8%以上。② 这些家庭在流入地生育、就医、养老的比例不断上升,对相关公共服务和社会保障的需求持续增长。流动人口的社区融入成为热点,对参与基层社会治理提出更多新要求。

二是新生代流动人口比例上升。随着我国人口流动规模的持续高涨,流动人口经历了世代轮替。1980年及以后出生的新生代流动人口逐步替代老一代流动人口,成为产业工人的中坚力量和新市民的主体。2000—2015年,1980年及以后出生的新生代劳动年龄人口占全部劳动

---

① 大国方略:就近城镇化"拐点"近了? 半月谈记者20年跟踪城镇化的观察思考[EB/OL]. 新华网,2019-01-10.
② 国家卫生和计划生育委员会流动人口司. 中国流动人口发展报告2017[M]. 北京:中国人口出版社,2017:6.

年龄流动人口的比例从17.2%上升至62.3%①。1980年前出生人口已成为老生代，1980—1990年出生人口日渐成为中生代，而1990年后出生人口成为真正的新生代，构成流动群体中的生力军。在新生代流动人口中，近一半为跨省流动，超过半数的"10后"是出生在流入地。"80后""90后"在城市居住时间长，工作生活相对稳定，很大比例是从小生活在城市甚至在城市出生，更加适应城市生活，融入城市的愿望也更加强烈。有调查显示，93.3%的新生代流动人口愿意融入本地人之中。②

三是少数民族流动人口越来越多。据不完全统计，目前，我国3亿多流动人口中，有超过3000多万为少数民族人口，其中大部分都流向了东部沿海发达地区。规模如此庞大的多民族人口跨地区流动，在我国乃至世界民族史上均较为罕见。今后少数民族的跨省流动、举家迁移的情况会越来越多。在人员密集、互动频繁的城市中，少数民族人口频繁流动加剧了城市民族关系的复杂性。少数民族流动人口在东部城市表现出了一定的融入困难。一项利用2017年中国流动人口动态监测调查数据并结合汉族流动人口对我国少数民族流动人口城市融入现状进行对比的研究显示，少数民族流动人口的城市融入状况整体水平较低。③ 2009年广东韶关"6·25"事件、新疆乌鲁木齐"7·5"事件便从一定程度上体现了少数民族流动人口所引发的社会冲突。

四是外籍流动人口增加。随着改革开放的深入，中国更深地融入全

---

① 国家卫生健康委员会．中国流动人口发展报告2018 [M]．北京：中国人口出版社，2018：7.
② 国家卫生健康委员会．中国流动人口发展报告2018 [M]．北京：中国人口出版社，2018：148.
③ 沈宸．少数民族流动人口城市融入现状分析 [J]．农村经济与科技，2020，31 (7)：256-257，274.

球化进程，日益成为世界各国人才创新创业的理想栖息地。2010年第六次人口普查数据显示，常住我国的外籍人员有593832人，而广东省就有316138人，尤以广州最为聚集，居全国之首。2020年第七次人口普查数据表明，外籍人员达到845697人，十年之间增加了251865人，增幅达到42.4%。特别需要注意，在中国境内出现的一些"三非"流动人口给基层社会治理带来了挑战。比如，在广东省广州市，以及国内其他省市内，存在非洲裔外国人"三非"（非法入境、非法居留、非法工作），而在云南省位于中缅边境中下段沿线的地区活跃着以"三非"占据主体的缅籍印巴裔人（"黑嘎喇"），对所在地区的社会稳定、经济发展、非传统安全和出入境管理带来严峻挑战和冲击。[1]

五是流动老人的规模不断扩大。我国流动人口规模在经历长期快速增长后开始进入调整期，从2015年开始，全国流动人口总数连续三年下降，农民工有从东部沿海回流到内陆省份的趋势，而老年流动人口的数量持续上升。[2] 国家卫健委的动态监测数据显示，老年流动人口规模在2000年以后增长较快，从2000年的503万人增加至2015年的1304万人，年均增长6.6%。[3] 另据2015年国家卫生计生委（现国家卫健委）流动老人健康服务专题调查，60岁以上的流动老人所占比例达到7.2%，比2010年第六次人口普查数据5.79%提高了1.41%，表明流动老年人口的规模在不断扩大。

---

[1] 马加巍. 中缅边境地区的外籍流动人口调查研究：以缅籍印巴裔人（黑嘎喇）为实证[J]. 边疆经济与文化, 2015 (10): 132-135.
[2] 国家卫生健康委员会. 中国流动人口发展报告2018[M]. 北京：中国人口出版社, 2018.
[3] 国家卫生健康委员会. 中国流动人口发展报告2018[M]. 北京：中国人口出版社, 2018.

二、流动人口参与基层社会治理的沿革与现状

人口流动是实现劳动力资源有效配置、提升劳动生产率的重要途径，可以为区域均衡、城乡均衡发展提供资源要素保障。流动人口参与基层社会治理从本质上就是对治理资源的利用和分配，是对其权益的运用和维护。改革开放以来，我国社会治理经历了三个阶段，在改革开放以前基本是社会管控阶段，改革开放后一段时间里处于社会管理阶段，党的十八大以后，我国进入了社会治理阶段。[①] 从管控到管理，再到治理，我国公民参与社会治理的范围、程度、方式在发生转变，对流动人口参与基层社会治理的工作也提出了新要求。随着市场化程度的提高，传统以管控为主的流动人口管理模式已经不能适应新的需要。我国政府开始强调对流动人口提供基本公共服务，让流动人口逐渐参与基层社会治理。流动人口参与基层社会治理的模式在从传统管控模式向多元主体参与管理的模式转变。但是土地、劳动力、资本等资源要素从乡村向城镇的单向流动，限制了流动人口参与基层社会治理的空间和效能，城乡二元结构"鸿沟"加剧和要素市场"割裂"。[②] 与我国社会治理现代化的目标相比，流动人口管理和流动人口参与基本社会治理还存在一些突出问题，亟须各级政府通过创新手段加以解决。

（一）流动人口的社会保障

流动人口在流动的过程中面临许多风险和不确定性，需要社会保障支持以规避风险。近年来，流动人口的社会保险已经有了很大改善，但是仍然存在一些问题。研究表明，迁入地政府对待流动人口的态度及其

---

① 魏礼群. 坚定不移推进社会治理现代化 [N]. 光明日报, 2019-09-09 (16).
② 贺卫华. 推动要素双向流动 促进城乡融合发展 [EB/OL]. 大河网, 2019-08-19.

相关的社会政策在很大程度上决定着流动人口的社会保险状况。在现有的流动人口社会保险制度安排下，收入较低、就业不正规的流动人口与女性流动人口等自身抵抗风险能力较低的群体，最有可能被排斥在社会保障覆盖网之外。[1] 流动人口从事的职业劳动强度较高，生活条件相对较差，公共卫生服务不完善，更容易面临疾病风险，因此看病难、看病贵现象更加突出。但是大多数流动人口居无定所，工作变化频繁，加上我国医疗保险异地转移接续的具体落实存在一定困难，导致他们难以被居住地的医疗保险体系接纳。有些地区还出现重复参保、重复补贴等问题。全国2016年流动人口动态监测的数据显示，2016年我国流动人口的医疗保险参保率为88.2%。其中，63.7%参加新农合，4.4%参加城乡居民合作医疗保险，5.3%参加城镇居民医疗保险，16.8%参加城镇职工医疗保险，0.6%参加公费医疗。[2] 2018年农民工参加养老保险的人数为6221万人，失业保险为4853万人，工伤保险为8085万人，占比分别为21.6%、16.8%和28.0%。总体上，流动人口参加社会保险的比例偏低，统筹层次低，跨区域接续服务存在一定障碍。[3]

（二）流动人口的社区参与

流动人口作为社会经济发展的重要建设力量，不仅是"劳动力"，也是"家庭人""社区人"。社区治理是国家治理的基层单元，是促进

---

[1] 李红娟. 我国流动人口社会保障现状及对策建议 [J]. 法制与社会, 2017 (11): 185-186.

[2] 熊萍, 吴华安. 我国流动人口参与医疗保险的影响因素分析: 基于2016年流动人口动态监测的数据 [J]. 西北人口, 2018, 39 (5): 96-102, 111.

[3] 肖子华. 中国城市流动人口社会融合评估报告: No.2 [M]. 北京: 社会科学文献出版社, 2021: 29.

农民工融入城市的重要载体和有效手段。① 流动人口融入社区，也就是融入了城市。目前，流动人口的社区参与主要有两种方式：一种方式是"主动参与"，也就是给流动人口提供参与社区事务的机会，加强流动人口与社区的联系，比如，社区组织文体活动、选举活动、评优活动等。另一种方式是"被动卷入"，社区根据国家规定将流动人口被动卷入社区事务中，最典型的就是流动人口建立健全健康档案工作。与"被动卷入"相比，流动人口在基层社区的"主动参与"积极性有待提高。大部分社区在流动人口管理上遵从街道的指令，并没有根据社区流动人口特点进行活动安排，因此对流动人口没有吸引力。流动人口在政治参与上边缘化，对选举活动的参与也不理想。造成这个状况的原因有三方面：一是政治信息传播渠道堵塞，参与者和参与主体脱钩。二是传统政治文化心理的影响，流动人口的政治参与积极性不高，认为政治参与只是走走样子，对国家赋予的权利重视不够，不能自觉地参与政治决策。三是政治参与成本过高、效能感低。我国政治参与途径少，很多参与模式不成体系，导致流动人口的政治参与成本较高，流动人口普遍感到政治效能感低，使他们丧失了政治参与的主动性，使流动人口的政治参与效能感与参与行为呈现出负相关关系。对农民工群体而言，他们是既没有参加农村政治生活，又不能融入城市政治文化生活的"流动的政治人"。如此庞大的农村流动人口群体不能根据自己的意愿参加政治活动，表达和实现自己的合理权益，势必会严重影响社会和

---

① 冷向明，徐元元. 城市融入：促进农民工市民化的社区治理创新研究：以浙江省Z社区为例 [J]. 领导科学论坛，2016（13）：66-75.

政治稳定。[1]

(三) 流动人口的教育医疗等基本公共服务均等化

2014年,新一轮户籍制度改革启动以来,全国各地以户籍制度改革为契机,在一定程度上消除了户籍制度对流动人口获得基本公共服务的制度性障碍,流动人口基本公共服务总量不断增加、质量不断提高。从国家卫健委对60个城市的流动人口公共服务融合进行综合评估的结果来看,流动人口卫生健康服务的获得性总体较好,城市间差异较小,我国农民工"义务教育阶段随迁子女在校率"始终保持在98.7%~98.9%,基本解决了流动人口随迁子女在流入地就学问题。但是与本地居民相比,大部分城市的流动人口基本公共服务均等化仍然处在初级水平,存在结构性矛盾。[2] 例如,从国家基本公共卫生健康项目在流动人口中的实施效果看,2017年流动人口档案建档率为30.01%,远低于当地户籍人口的60.49%。流动人口随迁子女就读学校的选择受住房、户口等条件的限制,进入拥有优质教育资源的学校就读的机会与城市居民相比存在较大差距;在流动人口规模越大、占比越高的城市,流动人口随迁子女获得公平教育的难度越大,义务教育阶段的入学门槛和异地中考政策的限制问题突出。此外,流动人口的住房存在居住条件差、支出压力大、制度保障不足和改善难等问题。在流动老人之中,尽管绝大多数老人参加了各种形式的医疗保险,但92.9%是在户籍所在地参加医保,其中58.2%参加新型农村合作医疗。在无法解决跨省报销问题的条

---

[1] 赵玉峰,颜小钗.流动人口的主动参与、被动卷入与城市归属感:基于流动人口主体性的视角[J].调研世界,2018(5):45-50.
[2] 肖子华.中国城市流动人口社会融合评估报告:No.2[M].北京:社会科学文献出版社,2021.

件下，流动老人还会遇到社会保障不足的问题。①

三、我国流动人口适配的多元政策目标

随着流动人口结构发生变化，在新型城镇化战略、乡村振兴战略、人口老龄化战略等顶层设计之下，我国流动人口参与基层社会治理的内涵和外延将发生变化，以往主要与乡—城人口流动适配的政策需要做出调整，转从城乡资源要素双向流动甚至多向流动的角度进行战略考量和政策设计。

当前和未来一段时间内，在如下多元政策目标下，资源要素将在城乡之间实现双向流动，影响我国流动人口整体的流动模式、流动形态和流动意向：

第一，我国城乡一体化发展进入城乡融合阶段，城乡的人口流动开始从单向度转变为双向度。城市和农村截然分开的边界会弱化，出现城乡融合的地段。社会融入问题突出，不仅农业转移人口继续向城市流动，存在参与城市社会治理的需要，而且城市人口在乡村振兴过程中向农村流动，也产生了参与农村社会治理的需要。

第二，"人口城镇化"仍然滞后于"土地城镇化"，户籍制度改革需要继续深化。进入新时代以来，我国城市化发展开始进入以人为本、规模和质量并重的新阶段，城镇化水平进一步提高，城市发展质量明显改善。常住人口城镇化率和户籍人口城镇化率均不断增长，前者从52.57%提升到66.16%，后者从35%提升到了48.66%。同时，也要看

---

① 国家卫生和计划生育委员会流动人口司.中国流动人口发展报告2016 [M].北京：中国人口出版社，2016.

到，二者差距的缩小还需要做出更大努力（见表8-1）。2012年，二者差距为17.57%，2015年下降为16.2%，2020年又增加到了18.89%，2023年缩小为17.5%。其中，进城的常住人口增速快于落户城市的人口增速，从而出现了常住人口城镇化率和户籍人口城镇化率二者差距在某个时间出现扩大的现象。显然，户籍制度改革的深度和力度都需要加强。

表8-1 我国城镇化率变化情况（2012年至2023年）

年份	常住人口城镇化率（%）	户籍人口城镇化率（%）	二者差距
2012年	52.57%	35%	-17.57%
2013年	53.7%	36%	-17.7%
2014年	54.77%	37.1%	-17.67%
2015年	56.1%	39.9%	-16.2%
2016年	57.35%	41.2%	-16.15%
2017年	58.52%	42.35%	-16.17%
2018年	59.58%	43.37%	-16.21%
2019年	60.60%	44.38%	-16.22%
2020年	63.89%	45.4%	-18.49%
2021年	64.72%	46.7%	-18.02%
2022年	65.22%	—	—
2023年	66.16%	48.66%	-17.5%

数据来源：根据国家统计局历年统计年鉴整理。

第三，进入移动互联网时代，数字技术改变了我国的就业形态，产生很多新业态，推动流动人口参与基层社会治理的方式方法发生变革。流动人口参与基层社会治理的技术越来越多元化，也越来越先进。不仅信息技术、智能装备、大数据服务为基层社会的再组织化提供了有力工具①，以抖音、快手等为代表的短视频平台和直播电商平台也吸引农民工回乡就业创业、城市居民向农村流动。2021年抖音发布的首份三农数据报告显示，2020年抖音三农创作者54%为返乡创业青年，以农民工、大学生、退役军人、妇女四类人群为主。返乡创业青年中31~40岁占比最多，达54%；其次是24~30岁的年轻人。相比上一代农民，这一代新农人熟练使用智能手机和互联网，成为短视频创业主力军。②

第四，以人为核心的城镇化，更多体现共建共享共治的理念，让城镇回归传统价值，成为满足人们对美好生活追求、更好地工作生活和休憩的理想场所。人口流动将从过去数量型的流动向质量型的流动转变，追求宜居环境为动机的流动要求会越来越多。人们的流动维度将从横向流动转为双向并重，在横向流动的同时实现纵向流动，提升社会阶层地位。特别是从资源要素双向流动角度看，在社会性流动渠道打开后，中国流动人口的构成中将会增加城—乡流动人口，产生"乡村生活城市化"这种新的生产生活方式或城市化模式。③

第五，我国进入了全面建成社会主义现代化强国的新征程，衔接好巩固拓展脱贫攻坚成果和乡村振兴是当前的重要任务。在城乡二元经济结构下，大量农村剩余劳动力向城市工业部门转移后，我国一些省区市不同程度上出现了外实内空的"空心村"，造成人力资本流失、人才短

---

① 刘炳辉. 高流动性与低组织化：中国社会危机治理的双重挑战[J]. 文化纵横, 2020（2）：47-54.
② 抖音发布首份三农数据报告，农村视频创作者收入同比增长15倍[EB/OL]. 半月谈网, 2021-06-22.
③ 李强. 当前我国城市化和流动人口的几个理论问题[J]. 江苏行政学院学报, 2002（1）：61-67.

缺、资本流失，产业出现空洞化，土地抛荒，农业资源大量浪费。[①] 与此同时，流动人口的收入增幅远不及城市住房成本的增幅，长期居留意愿持续下降。2017年全国流动人口动态监测数据显示，京津冀流动人口的居留意愿呈下降趋势，打算在流入地长期居住五年以上的流动人口比例从2012年的70%下降到2017年的52%。[②] 我国农民工规模的增速近年来在下降，2017年增速为1.7%，到2018年下降为0.6%，2019年为0.8%，特别是2020年受新冠疫情影响，进城农民工规模减小，增速为-1.8%。在未来，推进"以县城为重要载体"的就近就地城镇化将是拉动内需的引擎。综合影响之下，外出农民工回流趋势明显，日益成为乡村振兴的有生力量，成为回乡治乡建乡的宝贵资源。

第六，我国老龄化进程呈现出不同于发达国家的特征，除了未富先老，在城乡、区域间也存在不均衡特征，农村老龄化快于城市，东部地区尤其是长三角地区老龄化快于中西部地区。从全国看，乡村60岁、65岁及以上老人的比重分别为23.81%、17.72%，比城镇分别高出7.99、6.61个百分点。老龄化水平的城乡差异、区域差异，除了经济社会原因，与人口流动也有密切关系。虽然通过向城市流动，农村外出务工人员收入提高，留守老人在物质上也有所保障，但留守老人的生活枯燥孤单、生病时无人照料等方面问题日益突出。国家已经明确提出要解决农村留守老人的养老问题，通过健全农村养老服务设施、完善农村老年人生活保障体系、加强政策保障支持力度等改善农村留守老人的养老环境。应对人口老龄化战略的实施将影响人口进行流动的选择。

[①] 童荣萍．"空心村"现象的科学认识及治理［J］．农业经济，2016（10）：25-26.
[②] 国家卫生健康委员会．中国流动人口发展报告2018［M］．北京：中国人口出版社，2018：87.

四、流动人口参与基层社会治理的路径

流动人口参与基层社会治理是个系统工程，最重要的设计是路径选择。围绕这个路径问题，国内研究者们相继提出了"社区参与型服务管理模式""社区化多元共治模式"等设想。① 其中，"社区参与型服务管理模式"是指统合依托于社区的参与式管理、依托于服务的激励式管理和依托于专门机构的一体化管理，将流动人口管理和服务权限同时下放到街道和社区居委会，实行以政府依法行政、公民依法自治、其他社会组织参与公共管理和服务的互动式治理。"社区化多元共治模式"是指整合政府及其派出机构、社会组织、社会工作机构、流动人口自组织、企业组织等多元力量，促进流动人口群体的社会协同管理和自主治理。②

结合以上与流动人口适配的多元政策目标和地方政府在推动流动人口参与基层社会治理上的创新实践来分析，本书认为，在党建引领下，"以社区为依托"，实现社区、社工和社会组织的"三社联动"是流动人口参与基层社会治理的一种路径选择。事实上，早在2013年，《民政部、财政部关于加快推进社区社会工作服务的意见》（民发〔2013〕178号）就首次以政策形式确立了"三社联动"的行政性基础。具体考虑如下。

首先是社区参与。社区是流动人口主要的居所和生活场所，也是他们享受和行使政治权利的主要场所。对社会治理而言，社区就是社会

---

① 胡苏云，赵敏. 流动人口社区服务型管理模式研究［J］. 中国人口科学，1997（4）：22-29.
② 高春凤，赵仲杰. 社区化多元共治：流动人口服务管理模式创新［J］. 管理观察，2014（10）：129-131，133.

化、专业化、智能化、法治化的综合平台。社区参与是支持流动人口融入本地社会的重要渠道和有效方式。在我国地方政府的实践中，已经出现了很多积极的创新探索，包括城市的新市民运动、农村的新乡贤运动等。城市基层社会治理效能的提高，迫切需要流动人口的积极参与和主动作为。流动人口作为新市民，无论主动参与，还是被动卷入都有助于提高其归属感。流动人口社区治理工作的重心应该从组织活动转向提供公共服务为主，通过提供公共服务将流动人口纳入社区管理范围，加快他们的社会融合。在农村，乡贤是关系型社会资本的存在，应该充分发挥乡贤在农村社区治理中的积极作用。[1]

另外，城乡体制改革和社区参与平台是促进流动人口融入城市社会的客观条件。作为行动主体，流动人口需要通过转变思想观念、提升能力素质来拓展其在城市社会中的生存空间，主动去适应并融入城市社会。当前，我国流动人口市民化进程之所以比较缓慢，从个人层面看，主要在于他们的文化水平和能力素质相对较低。流动人口只有通过自身的不断努力，掌握相应的知识和技能，树立相应的城市市民意识与社区参与意识，才能真正参与社区管理，从而完全融入城市社会。

其次是社会工作。社会工作是社会治理不可或缺的专业力量。在流动人口参与基层社会治理中可以运用专业化、职业化的社会工作方法，通过动员资源协助社区创设各类有流动人口参与管理的社区服务机构，不仅为包括流动人口在内的社区居民提供各种社区服务，而且也可以通过与当地居民一同工作而完成流动人口的再社会化，同时也可以协助社区管理部门发现和培育流动人口中的精英或者创建流动人口参与社区管

---

[1] 徐学庆.新乡贤的特征及其在乡村振兴中的作用[J].中州学刊，2021（6）：67-71.

理的组织，由精英或组织带动和动员或代表社区内流动人口成员参与社区公共事务，为流动人口参与社区管理提供途径。通过与当地居民互助合作，以及共同参与社区建设，社会工作将有助于培养流动人口的社区主体意识、责任意识、合作意识以及实现社区建设和管理的利益分享，建立多元化的、互构共建的社区管理模式。

最后是社会组织。社会组织，特别是社区社会组织在流动人口服务上可以发挥多重作用。由于居住人群多元化、利益诉求和社会矛盾复杂化的现实状况，社区对利用社会组织做好流动人口社会融合有着更加强烈和紧迫的需求。社会组织可以补充公共服务，提升公共资源利用效率。党的十九大报告指出要加强社区治理体系建设，推动社会治理重心下移，发挥社会组织作用，实现政府治理和社会调节、居民自治的良性互动。在地方政府的创新实践中，我们已经看到，部分机构充分发挥社会组织对流动人口需求定位准、反应快、扎根深、易调整和动员能力强等优势，取得了良好服务效果。因此要支持社会组织积极探索服务模式，推动社会治理创新，促进人的改变和发展，最终提高流动人口参与社会治理的效能。

第九章

城乡社会管理一体化的实现途径

城乡一体化最本质的意义，在于最终消除现存的城乡二元结构，最大限度地缩小现存的城乡差别，使高度的物质文明与精神文明达到城乡共享。本章在分析城乡社会管理差距的基础上，对地方政府在城乡统筹上的实践经验进行分析，对我国实现城乡社会管理一体化的主要途径做出探讨。

一、21世纪初的城乡社会管理差距状况

改革开放40多年来，中国的经济社会发展取得了举世瞩目的成就，经济在很长一段时期实现了世界少有的年均9.8%的增长速度，被称为"中国奇迹"。然而从总体上看，在21世纪初的时候，与快速发展的经济相比，我国社会发展起码比经济发展落后5~8年，被形象地比喻为"一条腿长、一条腿短"[1]。

---

[1] 2004年，中国社会科学院陆学艺研究员指出，我们历来主张"经济建设"与"社会发展"两条腿走路。但是，现在是一条腿长，一条腿短。目前中国的经济发展速度确实很快，但社会的发展相对滞后，起码比经济的发展落后5~8年。参见：黄勇. 速度饥渴导致跛足 政绩全面小康应有安全指标 [N]. 中国青年报, 2004-03-08 (2)。

当时的城乡差别主要表现在城乡工业化城镇化程度、居民收入、居民发展机会、基础设施、公共服务、公共资源配置以及居民权利等方面。根据统计公报，到2007年年底，我国农村人口72750万人，占总人口的55.1%；但按户籍统计，2005年，我国农业户籍人口达94908万人，占当年总人口的72.6%。也就是说，我国的城镇化水平，按居住地与按户籍统计的结果，差距竟高达17个百分点以上。此外，1978年，我国城乡居民收入之比为2.57∶1，1985年缩小为1.72∶1，从1985年农民第一次出现"卖粮难"开始，城乡居民收入差距持续扩大。到2006年，城镇居民人均可支配收入为11759元，农民人均纯收入为3578元，二者之比扩大到3.2∶1。进入新时代，城乡居民收入比下降幅度很大，2013年，城镇居民人均可支配收入26955元，农村居民人均可支配收入8896元，二者比值为3.03∶1；到2022年，城镇居民人均可支配收入49283元，农村居民人均可支配收入20133元，二者比为2.45∶1。总体趋势是城乡收入差距在缩小，但是依然有不小差距。此外，由于国家大量投入在城市，生产要素集中流向城市，工业化水平远远高于农村。2007年年底，全国农村固定资产投资19815亿元，占全国人口55.1%的乡村地区只获得全社会固定资产投资的14.4%。①

同样，城乡差距在社会管理上也比较明显。从农村总体现状来看，经济、社会发展都比较落后，尤其教育、医疗卫生、社会保障、基础设施建设、社会治安、社会文明等社会发展更加落后。一是农村医疗卫生落后。中国农村地区人口众多，分布面广，但医疗资源相对集中在城市

---

① 中央党校第24期中青一班"统筹城乡发展路径选择"课题组.城乡统筹发展的路径选择与政策支持：对江苏苏州、扬州、昆山等地城乡的调研与思考[J].中国合作经济，2008（8）：38.

地区。二是农村教育落后。我国农民平均受教育年限只有7.8年，小学和初中文化程度的农民占比为70%以上。三是农村社会保障落后。概括起来，我国城乡居民社会保障差异主要体现在四方面：（1）城镇居民享受的社会保障项目多于农村居民；（2）城镇居民社会保障覆盖面大于农村居民；（3）城镇居民的社会保障标准高于农村居民，城乡人均社会保障费用之比高达24∶1；（4）城镇居民社会保障的层次高于农村居民。① 四是农村基础设施落后。在2007年以前，全国农村人均固定资产只有城市的七分之一，全国还有50%左右的行政村没有通自来水，6%的行政村没有通公路，2%的村没有通电，6%的村没有通电话。② 五是长期以来重城市、轻农村的发展方式，使城市文化日益强化、乡村文化不断衰落，城乡"二元文化结构"的鸿沟日益分明。官方数据表明，2005年前，中国年出版图书17万到19万种，其中有关"三农"的图书还不到4000种；城市发行网点在过去十几年间增逾3倍，而农村却减少了40%。此外，现行财政体制的调解机制、转移支付能力较差，导致地区差别、城乡差别继续加大。统计显示，2005年，广东省的文化事业财政拨款达12.8亿元，居全国第一；江苏省超过11亿元，比2004年增加2.4亿元，而海南、西藏、青海和宁夏居于末位，拨款不足亿元。③

二、城乡经济社会一体化的试点创新

城乡一体化是世界各国工业化和城市化进程的内在要求和必然趋势。国外在城乡统筹实践上有多种不同的模式，也走的是不同的探索道

---

① 廖洪乐．居民社会保障的城乡差异有待破解［N］．农民日报，2008-08-06．
② 郭振宗．加强农村社会管理的重大意义及对策［J］．理论学刊，2007（10）：72-75．
③ 章建刚，陈新亮，张晓明．近年来中国公共文化服务发展研究报告［J］．中国经贸导刊，2008（7）：23-25．

路。比如，作为一个工业发达国家，美国政府直接参与对农业、农村与农民的保护。而韩国于1970年提出"培育新农村运动"，"使所有的村庄在最近的将来从传统性落后、停滞的社区，转变为现代的、进步的、有较好生活环境的社区"。虽然中国全面推动城乡经济社会一体化的战略刚刚形成，但是事实上，自从改革开放以来，许多地方政府就在如何实现城乡统筹，加强社会建设和社会管理上进行了实践探索，相继形成了不同的模式，取得了一些成绩，出现诸如"苏南模式""珠江三角洲模式"和"上海模式"，"苏州模式""昆山模式""成都模式""浙江模式"和"北京怀柔模式"等典型。其中，前三种模式以城乡经济协调发展为主要特征，而后五种模式以实现城乡经济社会发展一体化为主要特征，它们的最终目标是在坚持公平与正义的前提下使农村居民和城市居民共同分享经济社会发展的成果。

（一）以实现城乡经济协调发展为主要特征的模式：三种模式（第一至三）

第一种是"苏南模式"。苏南模式，通常是指江苏省苏州、无锡和常州（有时也包括南京和镇江）等地区通过发展乡镇企业实现非农化发展的方式。它由费孝通先生在20世纪80年代初率先提出。这种模式以乡镇企业发展带动城乡一体化为主要特征，把工业化摆在首位，形成了工业化支撑新农村的格局。在此模式下，当地农民依靠自己的力量发展乡镇企业，而乡镇企业的所有制结构以集体经济为主，乡镇政府主导了乡镇企业的发展。政府除了提供制度和政策环境，还通过制定发展规划和战略引导投资者进入，推动苏南地区的发展。

第二种是"珠江三角洲模式"。20世纪90年代初以来，珠江三角洲地区的各级政府充分利用地理优势，大力发展外向型经济，在外资、民间资金和政府投入等多元投资拉动下，大大加快珠江三角洲地区的城镇化进程，使得城市空间结构和布局发生了根本改变，由以广州为单极的结构体系，逐步发展成以广州、深圳为核心，珠海、佛山、中山、东莞、江门、肇庆等城市为网络节点，小城镇密集发展，城市交流更加密切的网络化格局。这种模式"以城带乡、多轮驱动"，实现城乡一体化，具有地方政府主导、外向经济发展、经济组织创新和内外市场联动四个主要特点。

第三种是"上海模式"。进入新世纪以来，上海市按照城乡一体化发展要求，在明确中心城区和郊区的功能定位以后，把农村经济和社会发展纳入建设上海国际化大都市中，将经济发展重心、工业发展和基础设施建设重点从中心城区向郊区转变。同时，上海突破五方面的体制障碍，推动城乡经济社会一体化：（1）加快公共就业服务体系的建设，完善城乡统筹的就业服务体系；（2）加快建立失地农民养老保障，构建适应城乡一体化的社会保障体系；（3）改革完善户籍制度，努力让农民享有自由进城和迁徙的权利；（4）改革完善土地制度，切实保障农民的现实利益和长远利益；（5）探索改革农村集体资产管理制度，使农村管理与城市化、法治化接轨。上海市推进了村级集体经济股份合作制改革试点，将集体资产折股量化到人，资产变股权，农民变股民，享受集体资产股金分配。

（二）以推动城乡经济社会发展一体化为主要特征的模式：五种模式（第四至八）

第四种是"苏州模式"。在工业化、城市化进程中，苏州大批农民"洗脚进城"。按照科学发展观的本质要求和统筹城乡发展的新思路，苏州在全省乃至全国率先探索建立了一系列新制度，帮助"农民"顺利变身成"市民"。苏州市明确,必须充分维护农民在集体经济组织内部的三大经济权益(农村集体资产的所有权和分配权、农村集体土地承包权和经营权、农村宅基地使用权),通过推进农村专业经济、土地股份和社区资产三大合作,实现"承包经营权换股权"和"社保、农民宅基地换住房",让已经离开农业、离开农村、从事二三产业的农民自愿进城。随着农民就业、增收问题得到较好解决,苏州相继出台了一系列政策措施,让农民享受与城里人一样的公共服务和社会保障,农民的幸福感普遍增强。从2004年3月起,苏州为城市居民提供的公共服务全部延伸到农村。截至2008年,苏州已基本形成覆盖城乡居民的较高水平的社会保障体系,养老、医疗、失业、工伤和生育五大基本保障的参保人数突破200万,农村劳动力的非农就业率已达85%,农村劳动力参加社会养老保险的比例达96%,按月享受养老保险待遇和养老补贴的老年人比例为99%,农村基本医疗保险覆盖率为97%。至此,苏州已基本实现教育、文化、医疗、社保等基本公共服务城乡均等化。2008年8月,苏州市被列为江苏省城乡一体化发展综合配套改革试点区,试点的主要内容包括:在城乡之间科学合理地优化配置土地、劳动力、资金等各种生产要素,以及教育、文化、医疗、社保等各种社会资源,促进城乡经济社会协调发展、一体化发展、可持续发展。①

第五种是"昆山模式"。江苏省昆山市积极开发公益性岗位,为城乡居民提供同等的就业机会,并享受同等的就业优惠政策,充分吸纳农村剩余劳动力,重点安置"40后""50后"人员和失业农民,全市90%以上的农村劳动力在非农领域实现就业。政府每年拨出2000万元专项资金,为农民技能培训"买单",每年免费培训农村劳动力10000

---

① 城乡统筹的苏州经验 [J]. 中华建设, 2008 (10): 17-19.

人次以上，其中获得国家级职业资格证和特殊工种（岗位）证书的达到40％以上。建立完善以低保、基本养老、基本医疗、征地补偿、拆迁补偿为主体的农村"五道保障"，全市社会保险综合覆盖率达99％以上，基本实现"人人享有社会保障"的目标。在2007年超过人均每天1美元的国际贫困线标准的基础上，2008年起将城乡居民低保标准统一提高到每月350元。2003年起实施农村基本养老保险，全市近10万老年农民"无门槛"进入，每人每月领取养老金130元~160元，2008年起提高到190元~220元。2004年实施农村基本医疗保险，农民与城镇职工一样"刷卡"看病，参保率达到99％以上，2007年又实行覆盖城乡、全面接轨的居民基本医疗保险制度和大病补充医疗保险制度，大病最高可报销20万元的费用，率先构筑起较为完善、水平较高的全民医疗保障体系。同时，还全面落实征地补偿和动迁补偿政策，积极探索"土地换保障"的路子，实施灵活就业人员进社保，推动农村养老保险与城镇职工养老保险接轨，目前全市被征地农民和灵活就业人员进社保人数超过8万人。[①]

第六种是"成都模式"。2007年6月，中共中央决定设立重庆、成都两个特大城市为我国"统筹城乡综合配套改革试验区"，希望在具有代表性的点上加以突破，将解决"三农"问题的各项政策措施在点上先行、先试，以取得经验在全国尤其是西部地区推广。成都位于我国中西部地区，全市有2100多万常住人口，至少有570万是本地农村人口，人多地少，是典型的"大城市带大农村"地区，城乡结构矛盾十分突

---

① 中央党校第24期中青一班"统筹城乡发展路径选择"课题组. 城乡统筹发展的路径选择与政策支持：对江苏苏州、扬州、昆山等地城乡的调研与思考 [J]. 中国合作经济，2008（8）：38.

出。2003年，成都开始着手摸索城乡统筹试验，远远地走在了全国的前列。成都的做法是：以推进城乡一体化为核心，以规范化服务型政府建设和基层民主政治建设为保障，实施城乡统筹、"四位一体"科学发展总体战略，强力推进工业向集中发展区集中，梯度引导农民向城镇集中，稳步推进土地向规模经营集中，加快推进政府管理与服务方式、规划体制机制、城乡管理体制、公共服务体制和投融资体制改革和实践。

具体来看，2003年成都市推出了与城镇居民无差别的"农民工综合社会保险"；针对征地"农转非"劳动人口，推出了"失地农民社会保险"；对尚有耕地的农民推出了"新型农民养老保险"。成都将户籍限制的突破与落实社会保障衔接，在改革措施中捆绑设计、统筹考虑。到2008年4月，成都市出台《关于促进进城务工农村劳动者向城镇居民转变的意见》，首度将"成都籍农民工"纳入经济适用房与限价房的申购人群。4月24日，成都市住房委员会办公室正式公布《成都市房产管理局关于进城务工农村劳动者申购经济适用住房的有关具体问题的通知》，其中涉及进城务工人员申购经济适用房的资格条件、审核资料、房源保证及档案管理等细节。执行细则的出台，意味着成都城市住房保障体系对非城镇户口的正式"破题"。将农民工纳入经济适用房的保障范畴，不仅突破了住房保障的户籍限制，更让农民工在"进城"迁徙的过程中能够无差别地享受住房政策，对促进城乡生产要素的合理流通、打破城乡二元结构无疑具有标本意义。同年11月25日，成都市还颁布出台《关于深化城乡统筹进一步提高村级公共服务和社会管理

<<< 第九章 城乡社会管理一体化的实现途径

水平的意见（试行）》（简称《意见》）。①《意见》的目标任务是，到2012年，城乡统一的公共服务制度建设取得重大进展，农村公共服务和社会管理体系进一步完善，村级公共服务和社会管理水平明显提高，城乡基本公共服务差距显著缩小。到2020年，建立城乡统一的公共服务制度，基本实现城乡基本公共服务均等化。根据成都市经济社会发展水平，结合农村公共服务和社会管理现状，《意见》还明确了现阶段成都市村级公共服务和社会管理的主要内容，包括文体类、教育类、医疗卫生类、就业和社会保障类、农村基础设施和环境建设类、农业生产服务类、社会管理类七大类。②

第七种是"浙江模式"。2005年，浙江省在全国率先出台了《浙江省统筹城乡发展推进城乡一体化纲要》，积极推进城乡一体化规划体制改革、基本公共服务均等化体制改革，全面实施"千村示范、万村整治""千万农民饮用水""乡村康庄""万里清水河道""山海协作"和"欠发达乡镇奔小康"等一系列"龙头工程"和"民心工程"。通过改革，浙江实现了从自发统筹向自觉统筹和全面统筹的转变，促进了城市基础设施向农村延伸、公共服务向农村覆盖、现代文明向农村辐射，形成了城乡协调发展的新格局。这一时期，浙江率先建立了多层次、全覆

---

① 有报道指出，该《意见》创造了6个全国第一，即全国第一个针对村级公共服务和社会管理的政策措施，在全国第一次提出了村级公共服务和社会管理的目标，第一次系统提出了村级公共服务和社会管理的内容，第一次界定了村级公共服务和社会管理的责任，第一次将村级公共服务和社会管理纳入各级财政预算，第一次提出村级公共服务和社会管理项目的实施要让农民进行民主决策与民主监督。在全国首次将"村"作为一级预算单位，首次分清了政府和村级自治组织在农村公共服务和社会管理中的职能职责，对社会、经济和政治组织进行了分工，为农村基层治理结构合理化奠定了基础。参见：向朝阳，谢佳君，李凌静.成都城乡公共服务新政创造6个全国第一 [EB/OL].四川新闻网，2008-11-30.
② 向朝阳，谢佳君，李凌静.成都城乡公共服务新政创造6个全国第一 [EB/OL].四川新闻网，2008-11-30.

盖的大社保体系，率先建立了政策性农业保险和农村住房保险制度，率先出台了农民专业合作社条例，率先开展了城乡统筹发展水平综合评价。农村办学条件极大改善，农村卫生服务体系基本建立，农村上学难、看病难问题得到有效解决。覆盖城乡、多层次的社会保障制度基本形成，农民新型合作医疗制度全面建立，参合率达到89%，人均筹资水平超过100元；农民最低生活保障实现应保尽保，被征地农民实行"即征即保"，农村"五保"对象全部实行集中供养。

第八种是"北京怀柔模式"。2007年，北京市怀柔区成立了全市首家社会管理服务中心，对统筹城乡公共服务进行了有益探索和尝试。2008年10月16日，怀柔区委社会工作委员会、区社会建设工作办公室正式成立，标志着农村实行社区化管理服务与建设在该区全面推行，农民将享受到与城里人一样的公共服务。针对山区面积广大、农民居住分散等特点，怀柔区全力构建区、镇乡（街道）、村（社区）三级社会管理服务网络：镇乡、街道组建社会管理服务中心，下设相应服务窗口，开通便民热线，设立驻村工作站；村、社区在党支部领导下，组建村级社会管理服务中心。到2008年底，全区已建立区、镇乡和街道社会管理服务中心17个，村级社会管理服务中心284个，街道社区服务站24个；每个村也组建了由党员干部和村民代表等构成的服务组3~5个，使农民在家门口就能享受社区化的"一揽子服务"，实现"小事不出村（社区）、大事不出镇（乡、街道）"。让农民享受市民的社会服务，已经成为怀柔区城乡统筹发展的具体行动。

三、城乡社会管理一体化的重点和原则

从前面介绍的八种城乡统筹模式的经验中，我们可以归纳出城乡社会管理一体化的重点，主要包括八方面的内容。一是着力改革户籍制度，如成都模式；二是进行社会管理领导和工作体制的创新，比如，北京怀柔建立社会管理服务中心；三是扩大社会保障体系的覆盖面，比如，浙江模式进行社会保障的"无缝隙覆盖"；四是实行基本公共服务的均等化，比如，浙江省"龙头工程"和"民心工程"的做法；五是实现社会管理基础单位的下沉，比如，成都模式选择以村作为社会管理的基础单位；六是加强进行社会管理的财政保障，比如，成都在全国首次将"村"作为一级预算单位，首次分清了政府和村级自治组织在农村公共服务和社会管理中的职能职责；七是政府高度重视解决农民工、失地农民、农村老年人等主要困难群体的保障问题，比如，成都推出与城镇居民无差别的"农民工综合社会保险"，以及针对征地"农转非"劳动人口推出"失地农民社会保险"；八是统筹城乡就业制度和服务体系，比如，昆山市积极开发公益性岗位，为城乡居民提供同等的就业机会，并享受同等的就业优惠政策，充分吸纳农村剩余劳动力，重点安置"40后""50后"人员和失业农民，全市90%以上的农村劳动力在非农领域实现就业。

已有的各种城乡统筹模式呈现出的特征比较多，各自寻找的实现城乡社会管理一体化的"抓手"也各有千秋。这里归纳的八方面只是一个初步的不全面的抽象概括。针对以上重点，结合中国国情和已有实践来看，各地在实现城乡社会管理一体化的过程中必须清醒认识面临的难点，科学地提出不同的路径选择，走一条中国特色城乡融合发展道路。具体说，在此过程中需要坚持如下六个原则。

第一，要坚持发展经济，缩小差距。统筹城乡发展，必须把发展作为第一要务，关键是在发展问题上统筹，在发展基础上平衡。没有经济的发展，就难以实现社会的发展。

第二，要坚持以人为本，改善民生。社会发展和社会管理的对象是人，归根到底应该让公民共同享有良好的社会服务。任何脱离这一原则的社会管理，都无法真正实现城乡融合发展的目标，最终只能扩大已有的城乡差距，而不是缩小这个差距。

第三，要整体规划，分步实施。社会管理一体化是一个系统工程，涉及各种体制和制度，既有历史因素，也有现实考虑，必须进行科学规划，逐步推进。

第四，要因地制宜，区别对待。在不同的地区、不同的发展阶段，城乡融合发展有着不同的内容和要求。

第五，要城乡互动，共同发展。苏州、昆山等先发地区的实践证明，以工促农、以城带乡并不会牺牲经济发展的速度，不会拖累城市，而只会让城乡两种资源实现更好的整合、让城乡两个市场主体活力得到更好的释放，对经济的全面协调可持续发展大有裨益。

第六，要创新制度，激发活力。由于我国城乡二元结构形成的历史复杂性，城乡融合发展还面临诸多体制机制障碍。推进体制机制创新，要坚持政府主导和社会有效参与相结合，深化各项改革，制定落实有关政策，注重运用市场化手段，积极调整城乡利益格局，积极探索建立促进城乡融合化发展的体制机制，建立有利于城乡资源要素合理流动的制度体系。

四、城乡社会管理一体化的实现途径

从全国范围来看，关于城乡社会管理一体化的探索还没有实现从"点"到"面"的转变。中国城乡社会管理一体化还远没有实现，尤其是在制度和政策设计上仍然没有完全打破城乡分割的体制，社会保障制度仍然是两条线、两种管理方式。那么，如何实现城乡社会管理一体化呢？本书认为，要实现中国城乡社会管理的一体化，当前需要解决好如下六方面的问题。

第一，以户籍制度改革为核心，改革相关的社会管理制度，破除城乡二元结构。实施统筹城乡发展的基本方略，要调整国民收入再分配结构，使农村发展能够获得更多的资源支撑，为城市和农村的同步发展提供制度保障。户籍制度是城乡二元结构的核心[1]，消除城乡二元结构就必须逐步推进户籍制度改革。目前，小城镇户籍制度改革正在全面推开，个别大城市的户籍制度改革也有了较大的动作。截至2020年，全国至少已有16个省份正式出台了本省份的户籍制度改革意见。其中，多地明确提出"取消农业户口与非农业户口性质区分"的时间表，并明确建立落实居住证制度。今后，必须考虑大量农民流动进城的新变化，放宽中小城市落户条件，使在城镇稳定就业和居住的农民有序转变为城镇居民。同时，加强对流动人口的服务和管理，积极推进管理体制创新，促进城乡经济社会和谐。

第二，建立健全公共财政机制，理顺中央地方财政关系，加大中央政府对农村社会公益事业的投入力度，改善农村社会建设状况。加大对社会发展和社会事业的投入是社会管理体制改革和创新的前提条件，也是政府履行社会管理职能最实在的表现。在国际上，服务型政府的一个基本标志就是60%以上的财政预算要用于社会发展。否则，政府转型就是一句空话。而在我国统筹城乡发展的过程中，资金不足成为制约我国

---

[1] 刘保中，邱晔. 新中国成立70年我国城乡结构的历史演变与现实挑战[J]. 长白学刊，2019（5）：9.

城乡统筹的瓶颈。由此产生农村基础设施建设和社会事业滞后，产业发展的后劲不足，工业反哺农业也显得力不从心、作用不大的难题。要破解这个难题，就需要多管齐下、齐头并进，不仅中央和各省市要加大财政投入力度，各区县政府也应加大投入力度。同时，还应多渠道筹集资金，吸引外资和民间闲散资金投入社会主义社会建设中。此外，加强社会建设和社会管理还面临着城乡之间、沿海省市与中西部省市之间的财政差距，因此还要进一步理顺中央和地方的财政体制机制，逐渐实现决策与执行相分离，进一步划分确定中央与地方各级政府的基本权限。

第三，政府在行使卫生、教育、就业、治安、社会保障等方面职能越来越离不开社区的支持和配合，应该按照民主自治的原则推进城乡社区建设。传统体制下的社会管理依靠政府的权威实行社会控制，而现代社会管理是一种规范的公共治理结构下的公民参与以及公民与政府之间的良性互动机制。政府不再是社会的唯一管理者，它必须依靠市场机制、众多非政府组织、广大民众来共同管理社会公共事务。社区、村委会等人民自治组织，以及社团、行业组织、社会中介组织、志愿团体等各类民间社会组织，将取代传统的单位和街道成为社会管理的载体。[①] 社区组织有利于农村社会管理，它们在推进农村经济的发展、提高农民参与度、发挥其主人翁精神、维护农村社会稳定方面起着极其重要的作用。因此，应该适应现代社会管理公共治理的基本趋势，在充分发挥各级政府作为社会管理核心组织的基础上，调动全社会的参与积极性，提高社区自治与自我服务能力，扩大公民的利益诉求渠道。

第四，在社会保障的制度设计中坚持统一筹划、城乡整合的观念，分阶段、有步骤、分层次、分类别地建立适合农村基本状况的社会保障

---

① 杨军剑. 公众参与社会管理的问题和对策 [J]. 社科纵横, 2008 (6): 36-38.

制度。社会保障与城乡居民的切身利益紧密相关。我国要加快建立覆盖城乡居民的社会保障体系,加快完善社会保障体系,完善城乡居民最低生活保障制度,逐步提高保障水平。健全廉租住房制度,加快解决城市低收入家庭住房困难。逐步实现城乡社会保障在区域间、城乡间进行相互过渡和转换,消除妨碍社会保险账户流动的行政壁垒。按照"先建制,再扩面,逐步缩小城乡差距,最终实现城乡统一的、多层次的社会保障体系"的路径不断向前推进。[①] 当前,人们最关心的是农村最低生活保障、医疗保障、养老保障等,对此应当根据各地条件特别是财政状况抓紧解决。此外,短期内,农村社会保障水平不一定能够做到与城市相同,可以先低后高,逐步提升,最终实现保障水平的城乡统一。[②] 应该积极探索建立以制度规范为基础,农民个人缴费、集体补助、政府补贴三方筹资的社会化保障新机制。特别要切实研究新形势下失地农民、低保农民与市民的养老、低保标准对接问题,让农民享受市民待遇,使广大农民老有所养、病有所医、弱有所助、贫有所济、幼有所学。

第五,建立有利于农村劳动力转移的就业服务体制,改革劳动管理体制,逐步实现城乡就业统一管理。实现农村劳动力充分就业,是统筹城乡发展的一个着力点。改革开放40多年来,随着经济社会的发展,我国农村劳动力构成发生了重大变化,但农村劳动力总体上过多的状况没有改变,仍超过现代农业发展的实际需要。应该把农村就业纳入整个社会就业体系,建立城乡统一的就业、失业登记制度,建立有效的全市失业与就业管理服务制度和失业预警制度,建立城乡劳动者平等就业凭

---

① 陈悦.以制度创新推进重庆城乡统筹发展[J].重庆工商大学学报(西部论坛),2008(5):31-34.
② 李炳坤.大力推动城乡统筹发展:认真贯彻落实党的十七届三中全会《决定》[J].求是,2008(22):24-26.

证管理制度；城乡居民享受统一自主创业优惠政策；返乡创业人员投资新办的企业，可根据国家税收政策，享受新办企业 3 年内免征企业所得税的优惠政策，逐步实现城乡劳动者就业服务共享、就业机会平等。

第六，统筹城乡公共服务体系建设，促进城乡社会事业发展一体化。要进一步加强对基层公共服务产品的建设，加大中央、省、市财政对基层公共服务的投入，优化公共财政结构，推动城市社会管理向农村的延伸，将新增财力向教育、卫生、文化等社会事业倾斜，大力推进区域教育现代化创建，统筹配置城乡教育资源；加快完善农村社区卫生服务体系，重视健康和公共卫生投入；加快文化体制改革步伐，加大对群众性文化项目的扶持，使城乡居民享有基本均等的公共服务和发展机会。此外，要强化乡镇政府提供社会事业服务的责任，变乡镇政府的行政管理职能为社会事业管理职能，以文明村镇和文明家庭建设为载体，广泛开展文明村镇创建活动，倡导健康文明的生活方式，丰富农民的精神文化生活。

参考文献

一、中文文献

（一）著作

[1] 邓小平. 邓小平文选：第三卷 [M]. 北京：人民出版社，1993.

[2] 国家统计局. 中华人民共和国2023年国民经济和社会发展统计公报 [M]. 北京：中国统计出版社，2024.

[3] 国家卫生和计划生育委员会流动人口司. 中国流动人口发展报告2016 [M]. 北京：中国人口出版社，2016.

[4] 国家卫生和计划生育委员会流动人口司. 中国流动人口发展报告2017 [M]. 北京：中国人口出版社，2017.

[5] 国家卫生健康委员会. 中国流动人口发展报告2018 [M]. 北京：中国人口出版社，2018.

[6] 何增科. 社会管理与社会体制 [M]. 北京：中国社会出版社，2008.

[7] 何增科. 中国社会管理体制改革路线图 [M]. 北京：国家行政学院出版社，2009.

[8] 胡锦涛. 胡锦涛文选：第二卷 [M]. 北京：人民出版社，2016.

[9] 胡锦涛. 胡锦涛文选：第三卷 [M]. 北京：人民出版社，2016.

[10] 徐庆群. 辉煌六十年 [M]. 北京：人民出版社，2009.

[11] 李培林. 中国社会 [M]. 北京：社会科学文献出版社，2011.

[12] 刘岳. 农业供给侧结构性改革研究：以推进马铃薯主粮化为例 [M]. 北京：人民出版社，2018.

[13] 毛泽东. 毛泽东文集：第八卷 [M]. 北京：人民出版社，1999.

[14] 毛泽东. 毛泽东选集：第四卷 [M]. 北京：人民出版社，1991.

[15] 毛泽东. 毛泽东选集：第五卷 [M]. 北京：人民出版社，1977.

[16] 王宁. 社会管理十讲 [M]. 广州：南方日报出版社，2011.

[17] 习近平. 论坚持全面深化改革 [M]. 北京：中央文献出版社，2018.

[18] 习近平. 之江新语 [M]. 杭州：浙江人民出版社，2007.

[19] 肖子华. 中国城市流动人口社会融合评估报告：No.2 [M]. 北京：社会科学文献出版社，2021.

[20] 中共中央党史和文献研究院. 习近平关于"三农"工作论述摘编 [M]. 北京：中央文献出版社，2019.

[21] 中共中央关于全面推进依法治国若干重大问题的决定 [M]. 北京：人民出版社，2014.

[22] 中共中央马克思恩格斯列宁斯大林著作编译局. 马克思恩格斯全集：第3卷 [M]. 北京：人民出版社，1960.

[23] 中共中央马克思恩格斯列宁斯大林著作编译局. 马克思恩格斯文集：第1卷 [M]. 北京：人民出版社，2009.

[24] 中共中央马克思恩格斯列宁斯大林著作编译局. 马克思恩格斯选集：第4卷 [M]. 北京：人民出版社，1995.

[25] 中共中央文献研究室，中央档案馆. 建党以来重要文献选编：1921—1949：第二十六册 [M]. 北京：中央文献出版社，2011.

[26] 中共中央文献研究室. 邓小平年谱（1975—1997）：上 [M]. 北京：中央文献出版社，2004.

[27] 中共中央文献研究室. 江泽民论有中国特色社会主义：专题摘编 [M]. 北京：中央文献出版社，2002.

[28] 中共中央文献研究室. 毛泽东著作专题摘编：上 [M]. 北京：中央文献出版社，2003.

[29] 中央财经领导小组办公室. 中国经济发展五十年大事记 [M]. 北京：人民出版社，1999.

[30] 恩格斯. 反杜林论 [M] // 中共中央马克思恩格斯列宁斯大林著作编译局. 马克思恩格斯选集：第3卷. 北京：人民出版社，2012.

[31] 俞可平. 善政：走向善治的关键 [M] // 黄卫平，汪永城. 当代中国政治研究报告Ⅲ. 北京：社会科学文献出版社，2004.

（二）期刊

[1] 安体富，任强. 公共服务均等化：理论、问题与对策 [J]. 财贸经济，2007（8）.

[2] 蔡荣鑫. "包容性增长"理念的形成及其政策内涵 [J]. 经济学家，2009（1）.

[3] 陈明鹤. 城镇化发展中的土地问题研究 [J]. 党政干部学刊，

2014（9）.

[4] 陈悦. 以制度创新推进重庆城乡统筹发展 [J]. 重庆工商大学学报（西部论坛），2008（5）.

[5] 城乡统筹的苏州经验 [J]. 中华建设，2008（10）.

[6] 迟福林. 政府转型与民间组织发展 [J]. 发展，2006（1）.

[7] 戴孝悌. 新中国成立以来工农产品价格剪刀差的变动分析 [J]. 南京晓庄学院学报，2013，29（6）.

[8] 邓玮. 历史轨迹与当代转型：中国社会精英流动机制的理论考察 [J]. 理论导刊，2009（2）.

[9] 丁家祥. 试论治安复杂地区社会治安防控体系构建中的几个问题 [J]. 上海公安高等专科学校学报，2007（4）.

[10] 丁元竹. 对建立和完善社会管理体制的若干思考 [J]. 中国行政管理，2007（9）.

[11] 杜雪君，黄忠华，吴次芳. 中国土地财政与经济增长：基于省际面板数据的分析 [J]. 财贸经济，2009（1）.

[12] 段成荣，吕利丹，王涵，等. 从乡土中国到迁徙中国：再论中国人口迁移转变 [J]. 人口研究，2020，44（1）.

[13] 冯铭. 非营利组织与我国农民工权益维护 [J]. 社会科学家，2007（S1）.

[14] 付春. 新中国建立初期城市化分析 [J]. 天府新论，2008（3）.

[15] 高春凤，赵仲杰. 社区化多元共治：流动人口服务管理模式创新 [J]. 管理观察，2014（10）.

[16] 高书生. 搭建适合国情的社会保障新平台 [J]. 红旗文稿，

2003（2）.

［17］龚剑飞. 马克思恩格斯的社会管理思想及其现实意义：兼析党的十七大报告中的社会管理思想［J］. 江西社会科学，2008（1）.

［18］龚维斌. 深化社会管理体制改革：建立以政府为主导的多元化的社会管理新格局［J］. 行政管理改革，2010（4）.

［19］关越. 关于社会治安综合治理与构建和谐社会的法律思考［J］. 公安研究，2006（2）.

［20］郭熙保，罗知. 论贫困概念的演进［J］. 江西社会科学，2005（11）.

［21］郭振宗. 加强农村社会管理的重大意义及对策［J］. 理论学刊，2007（10）.

［22］何海兵. 我国城市基层社会管理体制的变迁：从单位制、街居制到社区制［J］. 管理世界，2003（6）.

［23］何增科. 我国社会管理体制的现状分析［J］. 甘肃行政学院学报，2009（4）.

［24］胡联合，胡鞍钢. 科学的社会政治稳定观［J］. 政治学研究，2004（4）.

［25］胡书东. 中国农民负担有多重：农民负担数量及减负办法研究［J］. 社会科学战线，2003（1）.

［26］胡苏云，赵敏. 流动人口社区服务型管理模式研究［J］. 中国人口科学，1997（4）.

［27］胡永和. "有利于穷人的增长"与中国城镇反贫困［J］. 海南大学学报（人文社会科学版），2009，27（4）.

［28］黄承伟，王小林，徐丽萍. 贫困脆弱性：概念框架和测量方

法 [J]. 农业技术经济, 2010 (8).

[29] 黄汝娟, 祝天智. 农村征地型群体性事件的社会管理根源探析 [J]. 理论导刊, 2012 (8).

[30] 姜涛, 孙玉娟. 论中国非政府组织（NGO）对农民工维权的影响与制约 [J]. 中国发展, 2008 (2).

[31] 姜晓萍. 国家治理现代化进程中的社会治理体制创新 [J]. 中国行政管理, 2014 (2).

[32] 解其斌, 刘艳梅. 国外以法治方式推进城镇化的经验对我国的启示 [J]. 理论视野, 2014 (4).

[33] 金博学. 关于保安行业人力资源枯竭的思考 [J]. 中国保安, 2007 (5).

[34] 冷向明, 徐元元. 城市融入：促进农民工市民化的社区治理创新研究：以浙江省Z社区为例 [J]. 领导科学论坛, 2016 (13).

[35] 黎光宇. 实现农民平等权的宪政路径探析 [J]. 南昌工程学院学报, 2008 (5).

[36] 李炳坤. 大力推动城乡统筹发展：认真贯彻落实党的十七届三中全会《决定》[J]. 求是, 2008 (22).

[37] 李成学, 蔡文钦. 邓小平新时期社会治安综合治理思想探析 [J]. 四川理工学院学报（社会科学版）, 2006 (3).

[38] 李红娟. 我国流动人口社会保障现状及对策建议 [J]. 法制与社会, 2017 (11).

[39] 李军鹏. 论中国政府社会管理的成就、问题与对策 [J]. 湖北行政学院学报, 2005 (1).

[40] 李强. 当前我国城市化和流动人口的几个理论问题 [J]. 江

苏行政学院学报, 2002 (1).

[41] 李新. 论新的稳定观: 可持续稳定 [J]. 中国行政管理, 1996 (9).

[42] 李延明. 从效率优先到更加注重公平: 改革开放以来我国在公平与效率关系上的演变 [J]. 生产力研究, 2009 (8).

[43] 李友梅, 肖瑛, 黄晓春. 当代中国社会建设的公共性困境及其超越 [J]. 中国社会科学, 2012 (4).

[44] 林凌辉. 农民工公益组织浅析及建议 [J]. 学会, 2011 (1).

[45] 林毅夫, 刘培林. 自生能力和国企改革 [J]. 经济研究, 2001 (9).

[46] 刘炳辉. 高流动性与低组织化: 中国社会危机治理的双重挑战 [J]. 文化纵横, 2020 (2).

[47] 刘诚. 各国社会保障法律制度面临的共同问题及趋势 [J]. 安徽大学学报, 2004 (1).

[48] 刘传江. 发达型社会保障制度的国际比较及启示 [J]. 经济评论, 1995 (3).

[49] 刘殿民. 树立新的社会稳定观 促进改革发展稳定良性互动 [J]. 领导决策信息, 2004 (10).

[50] 刘继同. 社会主义市场经济处境与开放型社会管理模式初探 [J]. 湖南社会科学, 2004 (5).

[51] 刘继同. 由静态管理到动态管理: 中国社会管理模式的战略转变 [J]. 管理世界, 2002 (10).

[52] 刘佳, 吴建南, 马亮. 地方政府官员晋升与土地财政: 基于中国地市级面板数据的实证分析 [J]. 公共管理学报, 2012, 9 (2).

[53] 刘守英，蒋省三. 土地融资与财政和金融风险：来自东部一个发达地区的个案 [J]. 中国土地科学，2005 (5).

[54] 刘同君. 新型城镇化进程中农村社会治理的法治转型：以农民权利为视角 [J]. 法学，2013 (9).

[55] 刘文成，赵毅，章杰. 社会治安防控体系与社会公共安全 [J]. 理论与现代化，2008 (1).

[56] 刘旭. 新型城镇化推进的法治化路径 [J]. 河南师范大学学报（哲学社会科学版），2013，40 (6).

[57] 刘莹. 贝克"风险社会"理论及其对当代中国的启示 [J]. 国外理论动态，2008 (1).

[58] 陆文荣. 社会管理：作为实践和概念 [J]. 社会科学管理与评论，2011 (2).

[59] 陆学艺. 关于社会建设的理论和实践 [J]. 国家行政学院学报，2008 (2).

[60] 陆学艺. 当代中国社会结构与社会建设 [J]. 甘肃社会科学，2010 (6).

[61] 路琪，周洪霞. 人口流动视角下的城镇化分析 [J]. 宏观经济研究，2014 (12).

[62] 路小昆. 新中国城乡关系60年：历程、特征与启示 [J]. 中共成都市委党校学报，2009 (5).

[63] 马蔡琛. 社会转型期政府职能转变与公共管理改革 [J]. 安徽大学学报，2002 (5).

[64] 马加巍. 中缅边境地区的外籍流动人口调查研究：以缅籍印巴裔人（黑嘎喇）为实证 [J]. 边疆经济与文化，2015 (10).

[65] 马晓河. 改革开放以来我国工农业发展比例关系的演变 [J]. 当代中国史研究, 1996 (1).

[66] 毛其智. 完善城乡规划法律制度, 促进城镇化健康发展 [J]. 小城镇建设, 2007 (8).

[67] 青连斌. 关于社会建设和社会管理体制创新的几个问题 [J]. 中共石家庄市委党校学报, 2005 (3).

[68] 沈宸. 少数民族流动人口城市融入现状分析 [J]. 农村经济与科技, 2020, 31 (7).

[69] 宋建国. 我国保安行业的未来发展战略 [J]. 中国保安, 2003 (7).

[70] 孙成军. 中共三代领导集体对城乡统筹发展的探索及经验启示 [J]. 毛泽东思想研究, 2006 (3).

[71] 唐铁汉. 我国政府职能转变的成效、特点和方向 [J]. 国家行政学院学报, 2007 (2).

[72] 童荣萍. "空心村" 现象的科学认识及治理 [J]. 农业经济, 2016 (10).

[73] 王乐夫, 李珍刚. 论中国政府职能社会化的基本趋向 [J]. 学术研究, 2002 (11).

[74] 王龙天. 当前农村的社会治安状况分析与应对之策 [J]. 河南公安高等专科学校学报, 2008 (5).

[75] 王浦劬. 国家治理、政府治理和社会治理的含义及其相互关系 [J]. 国家行政学院学报, 2014 (3).

[76] 王松德. 新中国成立以来我国城乡关系的历史演变与现实启示 [J]. 学习论坛, 2014, 30 (10).

[77] 王延中.加快建立健全我国现代社会保障体系[J].中国发展观察,2008(9).

[78] 王永谦.论失地农民长效保障机制的构建[J].经济与管理研究,2008(2).

[79] 魏后凯.深刻把握城乡融合发展的本质内涵[J].中国农村经济,2020(6).

[80] 吴信学,袁同成.农村传统型管理者与底层精英间的社会流动[J].西安欧亚学院学报,2007(1).

[81] 习近平.把乡村振兴战略作为新时代"三农"工作总抓手[J].求是,2019(11).

[82] 夏小林.经济增长的背后:解读浙江省的劳资关系、协调机制和宏观背景[J].经济研究参考,2004(44).

[83] 辛世俊.公平正义与农村社会治安[J].河南公安高等专科学校学报,2007(3).

[84] 熊萍,吴华安.我国流动人口参与医疗保险的影响因素分析:基于2016年流动人口动态监测的数据[J].西北人口,2018,39(5).

[85] 徐学庆.新乡贤的特征及其在乡村振兴中的作用[J].中州学刊,2021(6).

[86] 许苏明,金迪.精英流动与社会制度的建构[J].唯实,2005(4).

[87] 杨军剑.公众参与社会管理的问题和对策[J].社科纵横,2008(6).

[88] 杨伟民.社会政策与公民权利[J].江苏社会科学,2002

(3).

[89] 杨雪冬. 风险社会理论述评 [J]. 国家行政学院学报, 2005 (1).

[90] 姚华平. 我国社会管理体制改革30年 [J]. 社会主义研究, 2009 (6).

[91] 姚毓春, 梁梦宇. 新中国成立以来的城乡关系: 历程、逻辑与展望 [J]. 吉林大学社会科学学报, 2020, 60 (1).

[92] 俞会新, 刘东华. 21世纪西方社会保障制度改革趋势 [J]. 经济纵横, 2002 (7).

[93] 俞可平. 动态稳定与和谐社会: 访中共中央编译局副局长俞可平教授 [J]. 中国特色社会主义研究, 2006 (3).

[94] 张超. 社会和谐治理与农民工民间组织的培育: 基于浙江省的分析 [J]. 湖北省社会主义学院学报, 2010 (1).

[95] 张淑平, 陈玉友. 论我国当前群防群治工作 [J]. 湖北警官学院学报, 2008 (2).

[96] 张英魁, 曲翠洁. 当前中国乡村精英社会流动的内在机制分析 [J]. 当代世界与社会主义, 2014 (3).

[97] 章建刚, 陈新亮, 张晓明. 近年来中国公共文化服务发展研究报告 [J]. 中国经贸导刊, 2008 (7).

[98] 章志远. 城镇化与我国行政法治发展模式转型 [J]. 法学研究, 2012, 34 (6).

[99] 赵人伟. 关于中国社会保障体制的改革思考 [J]. 经济学动态, 2001 (10).

[100] 赵玉峰, 颜小钗. 流动人口的主动参与、被动卷入与城市

归属感：基于流动人口主体性的视角［J］．调研世界，2018（5）．

［101］郑秉文．"十一五"期间建立社会保障长效机制的建议［J］．中国经贸导刊，2005（18）．

［102］郑杭生．社会学视野中的社会建设与社会管理［J］．中国人民大学学报，2006（2）．

［103］中国财政学会"公共服务均等化问题研究"课题组．公共服务均等化问题研究［J］．经济研究参考，2007（58）．

［104］中国行政管理学会课题组．加快我国社会管理和公共服务改革的研究报告［J］．中国行政管理，2005（2）．

［105］中央党校第24期中青一班"统筹城乡发展路径选择"课题组．城乡统筹发展的路径选择与政策支持：对江苏苏州、扬州、昆山等地城乡的调研与思考［J］．中国合作经济，2008（8）．

［106］周红云．从社会管理走向社会治理：概念、逻辑、原则与路径［J］．团结，2014（1）．

［107］朱廷珺．体面劳动、道德贸易与劳工标准［J］．广东社会科学，2004（4）．

（三）报纸

［1］中央经济工作会议在北京召开 胡锦涛温家宝作重要讲话［N］．人民日报，2007-12-06（1）．

［2］丁元竹，张强，张欢．努力建设中国特色社会管理体系："首届中国社会管理论坛"综述［N］．人民日报，2011-07-07（7）．

［3］高云才．韩长赋：乡村振兴，决胜全面小康的重大部署［N］．人民日报，2017-11-16（2）．

［4］耿雁冰．中央编译局马克思主义研究所所长何增科：创新社

会管理要给公权力套上"笼头"[N].21世纪经济报道,2011-03-08(T4).

[5]黄勇.速度饥渴导致跛足政绩 全面小康应有安全指标[N].中国青年报,2004-03-08(2).

[6]纪江明.缩小城乡公共服务资源的现实差距[N].中国经济时报,2011-01-10(5).

[7]金锦萍:把社会组织看作是一个诤友[N].经济观察报,2011-03-21(46).

[8]劳动与社会保障部劳动科学研究所课题组.农民工市民化的"中国路径"[N].经济参考报,2013-02-07(7).

[9]廖洪乐.居民社会保障的城乡差异有待破解[N].农民日报,2008-08-06.

[10]陆子修.现行征地制度的演变、利弊与改革建议[N].中国经济时报,2012-06-29(8).

[11]青连斌.改革开放以来的社会流动[N].华夏时报,2008-03-03(25).

[12]王全书.在城镇化进程中保护与传承好传统文化[N].人民日报,2014-07-14(7).

[13]魏礼群.坚定不移推动社会治理现代化[N].光明日报,2019-09-09(16).

[14]魏铭言.民政部:支持公益慈善等社会组织直接申请登记[N].新京报,2011-12-24(A3).

[15]习近平.决胜全面建成小康社会 夺取新时代中国特色社会主义伟大胜利:在中国共产党第十九次全国代表大会上的报告[N].人

民日报, 2017-10-28 (1).

[16] 新型关系哪里"新": 四论认真学习贯彻党的十九届五中全会精神 [N]. 农民日报, 2020-11-05 (1).

[17] 徐晓风. 2013网易金融论坛在沪举行, 会上专家认为中国真实城市化率不到35% [N]. 扬子晚报, 2013-06-28 (A40).

[18] 杨宜勇. 创新有中国特色的社会管理体制 [N]. 学习时报, 2011-06-13 (3).

[19] 养老保障方式进入多元化时代 [N]. 上海证券报, 2007-07-03 (9).

[20] 俞可平. 从统治到治理 [N]. 中国社会报, 2004-04-13 (3).

[21] 俞可平. 推进社会管理体制的改革创新 [N]. 学习时报, 2007-04-23 (6).

[22] 郑秉文, 房连泉. "智利模式"流行拉美二十五年(上) [N]. 中国劳动保障报, 2006-06-01 (4).

[23] 郑毅. 新型城镇化建设应纳入法治轨道 [N]. 中国经济时报, 2014-07-30 (10).

(四) 其他

[1] 高立娜. 论非政府组织在维护农民工权益中的作用 [D]. 广州: 暨南大学, 2006.

[2] 张源. 广东省珠三角农民工民间组织发展研究 [D]. 武汉: 华中农业大学, 2008.

[3] 赵国勇. 参与与发展: 公共治理中的农民工自组织研究 [D]. 武汉: 华中师范大学, 2007.

[4] 2022年度人力资源和社会保障事业发展统计公报 [EB/OL].

中华人民共和国人力资源和社会保障部官网，2022-06-20.

[5] 财政部：2022年全国政府法定负债率为50.4% 低于60%警戒线［EB/OL］.中国新闻网，2023-12-05.

[6] 大国方略：就近城镇化"拐点"近了？半月谈记者20年跟踪城镇化的观察思考［EB/OL］.新华网，2019-01-10.

[7] 抖音发布首份三农数据报告，农村视频创作者收入同比增长15倍［EB/OL］.半月谈网，2021-06-22.

[8] 国家统计局.2022年农民工监测调查报告［EB/OL］.环球网，2023-04-28.

[9] 国家统计局.第七次全国人口普查公报（第七号）［EB/OL］.统计局网站，2021-05-11.

[10] 韩长赋：让农业成为有奔头产业 让农民成为有吸引力职业［EB/OL］.人民网，2018-03-07.

[11] 贺卫华.推动要素双向流动 促进城乡融合发展［EB/OL］.大河网，2019-08-19.

[12] 胡建淼，李勇.城镇化立法的国际经验［EB/OL］.人民网，2013-05-06.

[13] 胡祖才.城乡差距明显 争取2020实现基本公共服务均等化［EB/OL］.中新网，2012-07-19.

[14] 江泽民.正确处理社会主义现代化建设中的若干重大关系：在党的十四届五中全会闭幕时的讲话［EB/OL］.中国政府网，1995-09-28.

[15] 孟娜.中国20年城乡间劳动力流动对GDP增长贡献达16%［EB/OL］.新华网，2006-06-10.

［16］向朝阳，谢佳君，李凌静. 成都城乡公共服务新政创造6个全国第一［EB/OL］. 四川新闻网，2008-11-30.

［17］俞岚. 李克强指出，中国社会发展短板的矛盾亟待缓解［EB/OL］. 中新网，2011-06-25.

［18］占少华，韩嘉玲. 中国的农民工非政府组织：经验与挑战［EB/OL］. 投稿网，2006-05-19.

［19］张艳玲. 广东省放开本省农民工有条件入户城镇［EB/OL］. 财新网，2010-06-08.

［20］非典防治工作综述［EB/OL］. 中国政府网，2005.

二、英文文献

［1］Decent Work Indicators for Asia and the Pacific：A Guidebook for Policy-makers and Researcher［EB/OL］. International Labour Organization，2008-09-20.

［2］GHAI D. Decent Work：Concepts, Models And Indicators［R］. Geneva：International Institute For Labour Studies，2002.

［3］NESDO. Creating a More Inclusive Labour Market［R］. National Economic & Social Development Office，2006.

［4］RAUNIYAR G, KANBUR R. Inclusive Development：Two Papers on Conceptualization, Application, and the ADB Perspective［D］. Ithaca：Cornell University，2010.

［5］SAITH A. Social Protection, Decent Work and Development［R］. Geneva：International Institution of Labour Studies，2004.

后　记

本书是在原中央编译局科研课题"城乡协调发展比较研究：以社会建设为例"（批准号：11A01）以及中央党史和文献研究院科研课题"'十四五'期间的新型工农城乡关系构建：基于马克思主义中国化视角的解读"（批准号：20ZX22）的研究基础上完成的。课题立项后，我从多个角度、采取多种形式开展研究，陆续完成了计划的几篇阶段性成果，在《新华文摘》《探索与争鸣》《中国特色社会主义研究》《重庆社会科学》《中共杭州市委党校学报》《湖北警官学院学报》《中共成都市委党校学报》等期刊上得以发表。这些阶段性成果构成了本书主要章节。在最终形成书稿时，我紧紧围绕"城乡融合发展"主题，根据最新的研究文献和统计数据对全书做了进一步完善。

总体上，本书从社会建设角度对城乡融合发展进行讨论，既有理论分析，也有历史梳理，还有实践考察。需要指出，与我国城乡融合发展的实践相比，特别是党的十八大以来在城乡融合发展方面的创新实践相比，本书的认识还是局部的，也有一定的滞后性。在今后对我国城乡融合发展的深化研究中，需要进一步厘清城乡经济一体化与社会管理一体化之间的关系、城乡协调发展与区域协调发展之间的关系，弄清城乡一体化与城乡协调的区别、城乡协调与城乡融合的区别，积极运用历史辩证思维推进城乡融合发展的理论与实践研究。

在课题研究和成果发表过程中，我得到了俞可平、何增科、杨雪冬、陈家刚、周红云、许昀、陈雪莲、李月军、刘英、闫健、刘合光、苟天来、刘铎、包雅钧、柴浩放、庄明等同事同仁的帮助，得到了民政部、中国人民大学、国家发改委宏观经济研究院社会所、成都市郫县县委政府（现为郫都区）、北京市协作者社会工作发展中心等单位机构的支持，以及《新华文摘》《探索与争鸣》《中国特色社会主义研究》《重庆社会科学》《中共杭州市委党校学报》《湖北警官学院学报》《中共四川行政学院学报》《中共成都市委党校学报》等期刊的支持，我的硕士生导师孙津教授专门为本书作序，在此衷心表示感谢。当然，文责自负。

是为记。

丁开杰

2024 年 6 月 1 日